準備する道具 くわしくは208ページ

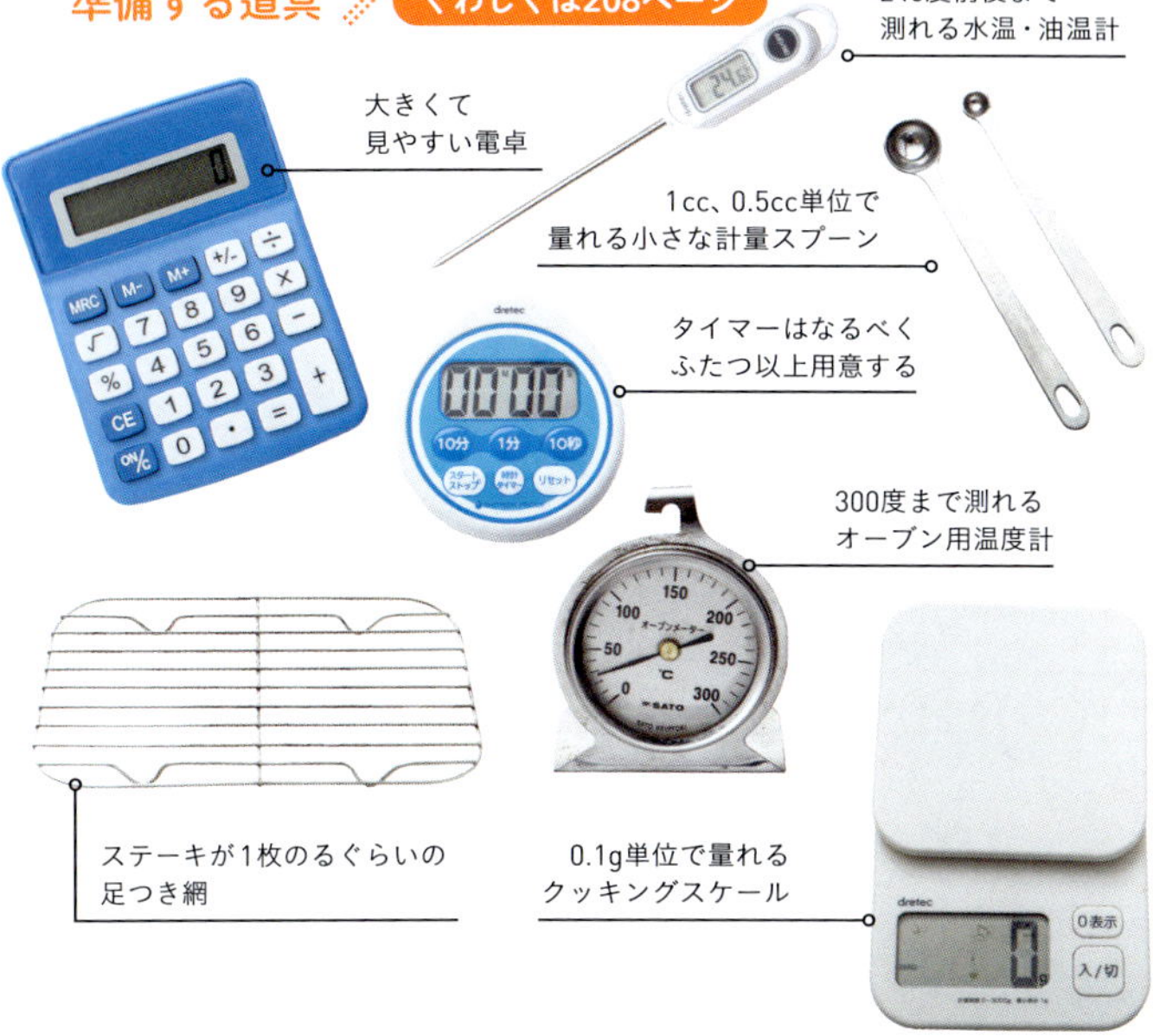

高価な調理器具を買うよりも、電卓、温度計、小さな計量スプーンなど「はかる道具」をまず用意しましょう。それだけでお料理の腕はあがります。

皮パリチキンの法則

くわしくは39ページ

皮がパリッとしているのに
中はしっとりしたチキンソテーは、
冷たいフライパンからじっくり焼きましょう。

Aの弱火チキン

冷たいフライパンから弱めの中火→弱火で焼き上げると、肉がほとんど縮まず、皮は箸で叩くと軽い音がするくらいにパリッとして、中はしっとりしている。

Bの強火チキン

最初に強火で焼き目をつけてから弱火で火を通したチキンは、皮がかなり縮み、身は弱火チキンよりもやや固い。皮目に色はつくが、皮の脂も水分も抜けていない。

パリッとした感触はなく、
やわらかく弾力は残るが
ぐにゃりとした食感。

オーブンの法則

くわしくは85〜97ページ

オーブンで肉を焼くときの法則は、
120度で93％の重さになるまで焼くことで
中まで火が通り、しかもジューシーに仕上がります。

まず焼く前に肉の重さを量り、120度に予熱したオーブンに入れ、肉が93%の重さになれば、火が通っています。焼き時間は表を目安にしてください。同じ重さの肉を複数枚同時に焼く場合も時間は変わりません。

120度で焼くときの重さと焼き時間の目安

肉1枚の重さ	時 間
200g	20分焼き、裏返して15分
400g	30分焼き、裏返して25分
600g	40分焼き、裏返して35分
1000g	60分焼き、裏返して55分

焼き加減の見分け方

くわしくは54ページ

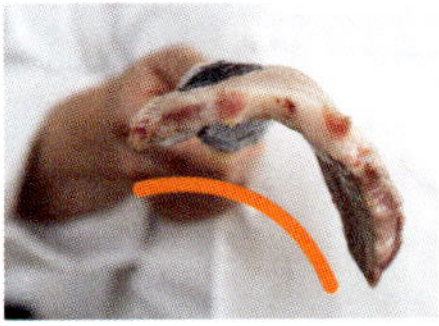

ミディアムレア

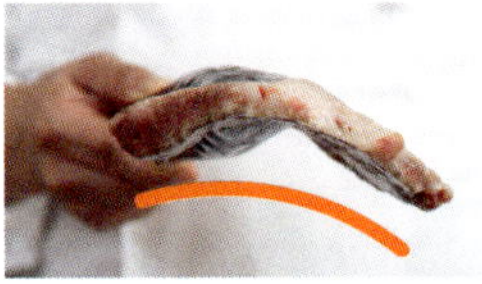

ミディアム

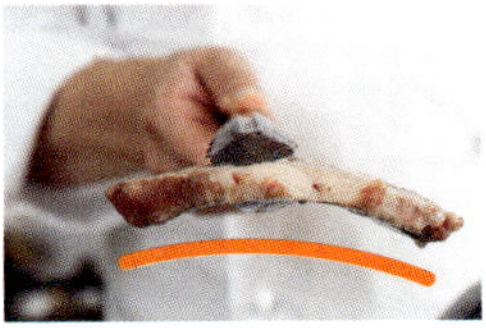

ウェルダン

フライパンの場合もオーブンの場合も、写真ぐらいの厚みの肉を焼く場合、トングで肉を持ち上げると焼き加減の目安がわかります。ポークでもビーフでも同じですので参考にしてください。

2つのハンバーグを比較する

くわしくは61ページ

「切るとお皿に肉汁があふれるハンバーグ」だけが成功ではありません。ぜひ両方作って、食べ比べてみてください。

A 肉の内部に肉汁が残る弱火ハンバーグ

B 肉汁がお皿に流出する強火ハンバーグ

A弱火ハンバーグ

手を使わずに混ぜる

冷たい肉は直接手で触らず、すりこぎなどで突き混ぜます。しっかりと結着しますがベタつくことはありません。水分は肉の内部にとどまっている状態です。

最初から最後まで弱火で焼く

冷たいフライパンにのせて弱火で焼き、半分の高さまで色が変わったら反転します。丸くふくらみ表面に肉汁がにじめばOK。

B強火ハンバーグ

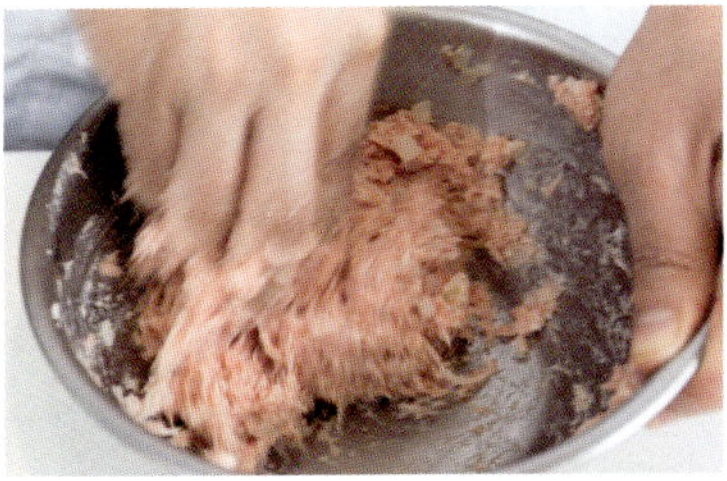

手のひらでしっかりと混ぜる

手の熱が伝わりひき肉の脂が溶けて、全体がどんどん白っぽくなっていきます。まとまっていくが、肉どうしの結着は弱い状態。

最初から最後まで強火で仕上げる

強火で両面に焼き色をつけ、強火のまま水を入れ、フタをして蒸し焼きにしていきます。反転する必要はありません。切れば肉汁が流れ出すハンバーグが完成。

野菜炒めの法則

くわしくは79ページ

強火で炒めると、ニンジンに火が通るころにはキャベツが一部焦げ、もやしは水分が出て細くなってしまっています。30分おくと、水分が出てきてびしゃびしゃに。

弱火で炒めるとキャベツなどの色が鮮やかに仕上がり、もやしにも歯ごたえが残ります。30分おいても水分が出ません。

ひき肉は低温の油で洗う

くわしくは139ページ

冷たいフライパンに冷たいひき肉を入れてサラダオイルを注ぎ、弱火で加熱していくと、ひき肉の臭みとアクがサラダオイルに溶け出していきます。

とちゅうで油を濾して捨てながら、赤いところがなくなるまで加熱してください。

下ごしらえをしたひき肉に、酒、しょう油、メープルシロップで味つけしただけで、ごはんが進むそぼろになります。

オーブン内網のせ、直置きの比較 くわしくは89ページ

ゆっくりと加熱するには、壁面からの熱、鉄板からの熱も上手に防ぎましょう。仕上がりの差は一目瞭然です。

同じ温度、同じ時間で焼き上がった状態

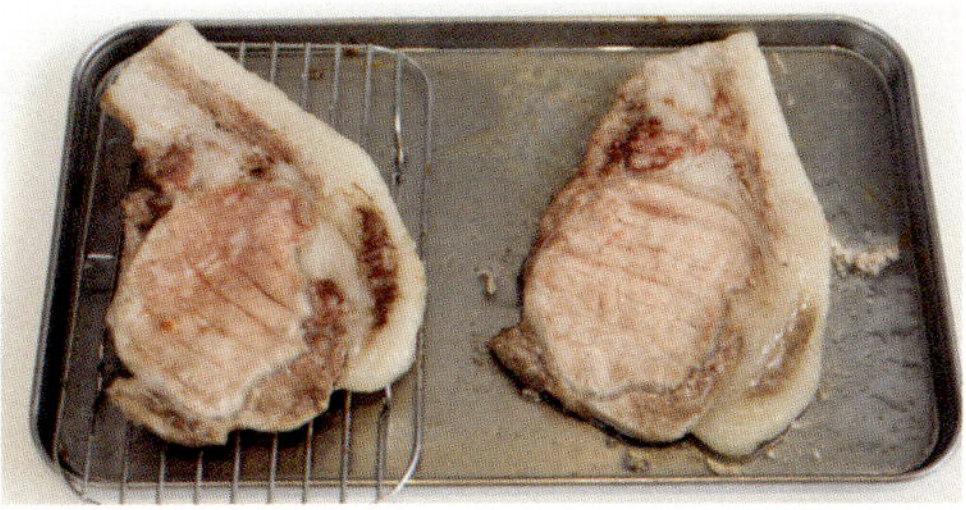

足つきの網にのせて、直接熱が伝わらないようにして焼いただけで火の通り方はゆるやかになり、非常にやわらかく仕上がります。

同じ温度で同時に焼いても、金属トレイからの熱が直接肉に伝わるため、内部まで早く火が通り、肉はやや固くなります。

水分と油分を「乳化」する

くわしくは175ページ

ボウルにサラダオイルを入れ、オイルよりも少し少なめのビネガー（水でも同じ状態になる）を注ぎます。

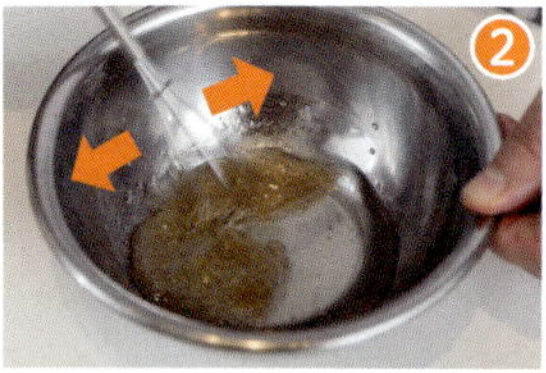

ボウルを手前に少し傾けると、比重の重い酢のほうが手前に集まります。酢の部分に泡立て器をあてて、左右に手早く動かします。

酢の中央あたりに油が入ってくる道のようなものができます。手を左右に動かし続けると油が中に並んで入ってきます。

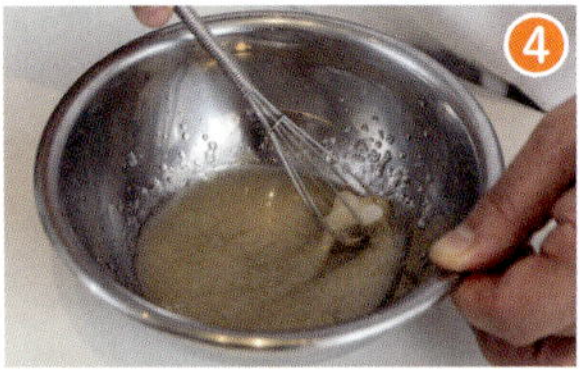

細かく泡立って白っぽくなり、とろみがついたら乳化した状態。

切り方の法則

くわしくは188〜206ページ

野菜の細胞を押しつぶさないように切れば
タマネギをみじん切りにしても
涙が出ることはありません

〈タマネギの例〉

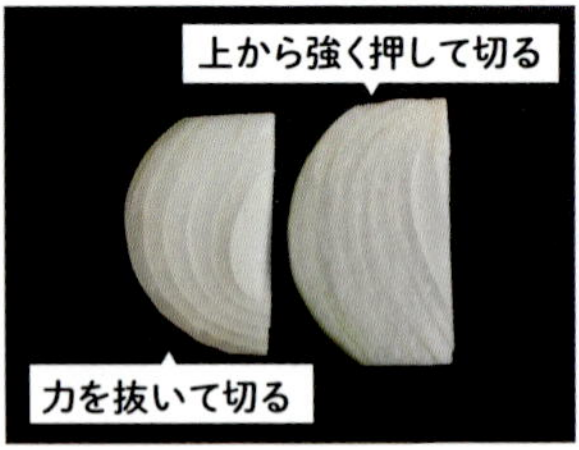

右は水分がにじみ出て、同時に硫化アリルという物質が蒸発し涙が出ます。左だと水分はほとんど出ません。

〈ニンジンの例〉

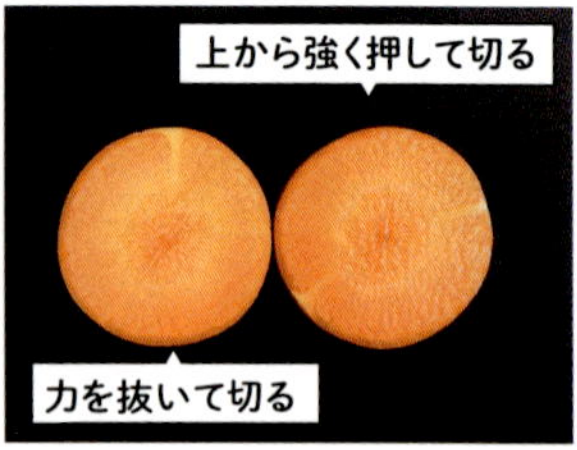

右はすぐに水分が切り口からにじみ出てきます。左の切り口は非常になめらかで、水分は出てきません。

読むだけで腕があがる
料理の新法則

水島弘史

ワニブックス
|PLUS|新書

はじめに

麻布にある小さなビルの部屋でお料理教室を開いてから、今年２０１８年ではや９年になります。

それ以前は、フレンチレストランで働いたり、自分のお店でお客様に料理をお出しする仕事をずっと続けていましたが、いつの間にか、料理教室のほうが本業になってしまったようです。

最初は「１日にひとり生徒さんが来てくれればなんとか家賃が払えるんだけどなあ」くらいに思っていたのですが、おかげさまでこれまでに１５００人をこえる生徒さんが来てくださいました。

僕は料理の専門学校でフランス料理を学んでからフランスに渡って修業し、その後日本でフレンチレストランを開きましたから、ベースになっているのはフランス料理です。

けれど教室でお教えしているのはフレンチに限らず、ときにはイタリアン、ときには和食で、年末になれば恒例のおせち料理をみなさんといっしょに作ります。

僕の教室は「作るところを見せるだけ」のデモンストレーション式ではなく、参加した生徒さん全員に、自分で料理を作っていただく形ですから、一度にたくさんのみなさんにお教えすることはできません。最近ちょっと部屋を改装して、物置になっていた部分まで調理スペースを広げたのですが、それでも、1回の生徒さんの数は最大でも6人です。

生徒さんには主婦の方はもちろん、男性もいらっしゃいますし、料理教室の先生、飲食店ですでに働いている方、オーナーもおいでです。

ひとつの料理にレシピの数が多すぎる！

小さな教室になぜいろいろな経験、性別の方がいらっしゃるのか、ちょっと不思議な気はするのですが、みなさんが僕の教室に求めているのは「お料理のレシピ」ではないようです。

つまり「炒飯の作り方」とか「ビーフシチューの作り方」といったことだけではなく、

「なんでこういう作り方をするとおいしくなるのか」「なぜこうしなければならないのか」「今までの方法ではなぜうまくいかなかったのか」「何度も作っている料理だけどもっとおいしく作れる方法を知りたい」と思っている方が多いのです。

いまやインターネットの時代、ちょっと検索しただけで、同じ料理でも山のような数のレシピが出てきます。試しに「ハンバーグ　レシピ」で探してみたら、なんとまあ、82万件！　ハンバーグの作り方に関する本だけでも、数十冊以上にのぼります。

ハンバーグは、ひき肉をこねて結着させ、成形して焼いて味つけするという、基本的には非常にシンプルな料理です。とはいえ、肉ダネにタマネギや他の具を加えたり、ソースを和風にしたり洋風にしたり、ときにはさらにトマトソースで煮込んだり、というアレンジはまったく自由ですから、たしかにレシピの数は作った人の数だけあると考えてもいいでしょう。

けれど、「ごく普通の町の食堂、洋食屋で出てくるシンプルなハンバーグをおいしく作りたい」となると、ごく基本的な部分さえ、いったいどれが「正しい」のか、もはや判断不能なくらいにその方法はさまざまに記述されており、ときには、同じ工程で正反対のことが書かれていることもあります。

「お店の味」と「家の味」、いったい何が違うのか

有名店のシェフのレシピの通り、家で作ってみても「やはりお店のものとはだいぶ違うなあ」ということも多いでしょう。

そこでわいてくる疑問は「なぜ?」です。書いてある通りにやっているのに、なぜ「イマイチ」なのか。また、こっちのシェフは強火と言っているのに、なぜこっちのレシピ本には弱火にしろと書いてあるのか?　弱火と強火でいったい何が違ってくると言いたいのでしょうか?　どちらも「こうすればふっくらジューシー」などと書いてあるだけだったりします。

お料理が好きな人、おいしいものが大好きな人ほど「なぜ???」の数は増えていくのではないでしょうか。

結局「やっぱり経験の違いかなあ」「お店で使うひき肉はスーパーで売っているもの

よりきっと上等なんだろうなー」「調理器具や火力が違うのかしら」「プロとは微妙な力の入れ方とかが違うのかも」というところに落ち着いてしまうのではないでしょうか。

「おいしい」には必ず科学的な裏付けがある

けれど、ほとんどの場合、「おいしいかまずいか」「絶品かイマイチか」の違いというのは、素材の差でも、経験の差でもありません。慣れでもコツでもない。

差が出る最大の理由は「なぜおいしくなるのか」の理由を知らないままに「レシピ通り」に作ってしまうためです。レシピというのは、「材料」のことだけではなく、それ以上に「手順」です。手順とは、加熱の方法、素材の混ぜ方、すべてを含みます。そして、作る環境によっても違います。

あるシェフが「お店ではこのポイントで強火で加熱している」ということでも、それを家庭の調理器具でそのまま実行すると、失敗につながることもあります。つまり、なぜシェフは店で強火を使っているのか、強火にすることでどんな効果を狙っているのか、ということを知らずに、そのまま家で実行すれば調理器具、環境の違いだけでもおいしさに違いが出てしまうということです。いくら「家庭用にアレンジしました」とあっても、プロのシェフは家庭料理がどんな環境で作られているのか、またどのていどの知識を持った人が作るのかまで、緻密に配慮することはできません。家庭用アレンジというのは、「なるべく手に入りやすい材料で」「なるべく時短で」ということに重点が置かれることがほとんどです。

けれども、本来ハンバーグなどのシンプルな料理は、肉に混ぜ込む具材や、仕上げに使うソースよりも、まず「ひき肉をどうやってまとめてどうやって焼けばおいしくなるか」という一点さえわかっていれば、どんな環境でも失敗することはないのです。それには、「なぜこういうまとめ方をすればおいしいのか」「なぜこういう焼き方をするとふっくらするのか」という理由を知っておくことが必要です。

ハンバーグというと、しばしば「最初に肉の周囲を強火で焼き固めて肉汁を閉じ込める」という説明がされていることがあります。これがすべて「間違い」ではありません。実際、プロの調理で、最初に焼き色をつけてから、火を通すという方法をとるケースはあります。けれども、店と家庭では鉄板の厚さや、火力も違いますし、プロにしても強火にする理由は「肉汁を閉じ込めるため」とは限りません。

それに、そもそも「強火」って、いったいどのくらいの温度のことなのでしょう？　フライパンで強火、といってもフライパンにもよるし、コンロにもよります。同じ火力でも加熱時間によってでも温度はまったく変わっていきます。

家庭のごく普通のコンロと普通のフライパンで「強火で熱したフライパンで肉を焼き固める」を行うと、まず間違いなく肉は急激に縮み、周囲が焦げて中が生焼けになります。くわしい説明や「改善法」は本文に書きましょう。

なんでも弱火にすればいい、というわけじゃない

さて、僕はこの数年テレビなどに出演させていただく機会が増えたので、そのつど、こうした「おいしくなる調理方法には、ちゃんとした理由がある」ことをお伝えしようとしています。もちろん料理の書籍を出版させていただく場合でも同じです。

けれどどうしても、実際に放映、出版されるときは「材料」と「手順」の説明が中心になり、「なぜこうすればおいしいのか」という理由までは、なかなかお伝えしきれていないように感じています。

僕は「弱火」での調理をおすすめするケースが多いため、「弱火シェフ」という「肩書」をちょうだいしています。

実際のところ、家庭での調理における失敗のほとんどは「加熱」の過程で起きており、それを解消するには、あるいはリスクを最低限におさえるには、だいたい、これまで「強火」にしていた部分を、弱火あるいは、弱めの中火にすればよいからです。

テレビなどで「弱火！」「弱火！」と叫び続けていたせいでしょうか？　最近では心なしか「まず肉は強火で周囲を焼き固めましょう」という表現のレシピは、なんとなく減ってきたようにも感じていますが。

ただ最近、今度は別の意味での「弱火の誤解」も生じてきているように思うのです。つまり「とにかく調理はなんでも弱火ならいい」という誤解です。僕はたしかにフライパンや魚焼きグリルを弱火にして使うことが多く、揚げものも冷たい油から始めることをおすすめしており、またオーブンも低温で調理することが多いのですが、場合によっては強火も使いますし、オーブンや油の温度を高温に上げることもあります。

さらに言うと、「弱火調理」と「低温調理」を同じものだと考えている方もいると思いますが、しかし、弱火だから低温調理、とは限りません。

「なぜここではコンロの火を弱火にしているのか」「なぜここで油の温度を低くしているのか」という理由が納得できれば、料理はそれだけで、いきなり上手になります。さらに、「レシピ通りの材料」ではなくても、素材が違うものを調理する場合にも応用できます。つまり単純な例では「ローストビーフが作れればローストポークもローストチキンも同じ理屈で同じように作れる」「ポークソテーの理屈がわかれば、サンマの塩焼きも、アジの干物もおいしく焼ける」わけです。レシピに書いてあった材料がひとつ足りないから、といってあきらめることもなくなるでしょう。また、初めて調理する野菜を見ても、「この野菜と同じような調理法でおいしくなるはず」といったトライも可能になります。

料理は科学、コツも慣れも必要ない

料理というのは科学でもあります。素材に手を加えることで、ときには生理的な、ときには物理的な、また化学的な反応を意図的に起こすことで、「おいしい」「まずい」は決まります。どんなときに人間が「おいしい」と感じるのかは、生理学はもちろん、脳科学の分野にも関わってくるのです。

といっても、難しい理論を学ばなければいけないということではありません。ごくごく基本的なことを知っておくだけでいいのです。たとえば、経験的に知っている「野菜に塩をふるとしんなりして水分が出てくる」ことの理由が「浸透圧」によるものだということは、誰でも聞いたことがあるでしょう。この理屈を知っていれば、塩ではなく砂糖でも同じように野菜から水分が出てくること、野菜ではなく肉や魚でも塩をふれば同じように水分が出ることがわかるはずです。

つまり、僕がたとえば「肉は焼く直前に塩をふってください」と言った場合、それは「塩をふってから時間をおきすぎると、肉から水分が出すぎてジューシーさが失われますよ」という意味だということがわかるはず。「ジューシーさ」を保ちたい場合は、塩は直前にふり、逆に水分を飛ばして旨味成分を引き出したい干物などは、塩をふってから時間をおいて作っている、ということです。

浸透圧が働くときに、分子レベルで何が起きているのか、ということまで厳密に理解する必要はありません。ごくざっとわかっていればそれでいいのです。

食材に「塩をする」意味は複数あります。たとえば保存のための塩、素材の細胞を壊してやわらかくするための塩、塩味をあらかじめ素材にしっかりつけるための塩。それぞれ「目的」に応じて、塩の種類や塩水の濃度、量を変えることもあります。干物の塩は水分を抜き、旨みを増すためで、塩豚などは主に保存のため、ちなみに塩釜焼きは「味つけ」ではなく、塩で魚などの食材を覆うことで、一種の「無水鍋」状態を作り、食材自体の水分で蒸し焼きにする効果を狙うものです。

こうしたことを少し考えてみると、なんとなくこれまで「常識」のようにしていたことに根拠や意味がなかったり、逆に目指している味や食感には逆効果であるということも見えてくるはずなのです。

もちろんおいしさの基本である塩の量にも科学的な根拠があります。だから、プロでも素材の量と塩は0・1g単位で計量し、よほど熟練した人でなければ「目分量」なんて、本来あり得ません。目分量で3gの塩を量ることができる人は、そういないでしょう。

理屈がわかれば安い材料でもお店以上の味になる

ちょっと理屈っぽくてすみません。これは僕の両親の影響かもしれません。母は料理を作るのも食べるのも大好きな人で、当時テレビでやっていた、グラハム・カーの「世界の料理ショー」（注・1968〜1971年にカナダのCBCが放映していた料理番組。日本でも74年以降、何度も放映された）などを見ては、番組で使われていた素材を探して買ったり、それが手に入らなければ代わりになるものを探してはあれこれ工夫して料理を作ってくれる人でした。父は製薬会社で新薬開発などにたずさわる研究者でしたが、おいしいものを食べるのが大好きで、自分でも料理をしました。

僕は、「おいしいものを食べる、工夫して作る」という母と、父の研究者気質をあわせて受け継いだようです。父は僕に「料理をするなら脳の本を読みなさい。味は舌ではなくて脳で感じるんだから」と言ったものです。

調理学校の時代、フランスでの研修を経て、その後、僕はスペインにあった「エル・ブジ」という三ツ星レストランのシェフ、フェラン・アドリアの調理法に出合い、科学的な調理を強く意識するようになりました。（注・「エル・ブジ」はスペインカタロニア州、ロザスにあったレストラン。50席に対し年間200万件の予約が殺到した。イギリスの雑誌『レストラン』による「世界のベストレストラン50」で2006〜2009年まで4年間連続1位。2011年閉店。分子ガストロノミー（分子美食学）とも呼ばれた科学的な調理法を取り入れていたことでも知られる）

それを原点として学び、さらに試行錯誤をつづけたのが、今の僕の調理です。僕のレシピに最初に「食いついた」のは、母よりもむしろ父だったように思います。

かつて料理の世界は、理屈を勉強するよりも見習いの仕事をこなしながら先輩の手順を盗み見て学び、先輩と同じ味を出せるように修練するというのが一般的でした。

もちろんこうした修行に意味がないということではありませんが、近年は料理のジャンルに関係なく、フレンチはもちろん和食も中華も、さらに町のラーメン屋さんも科学的な調理法を取り入れるようになっています。これからますます料理人にとって科学調理は必須のスキルになっていくと思います。プロの料理人だけではありません。それ以上に、ご家庭で料理をする方にこそ知ってほしいと思うのです。

「なぜこういう方法で調理するのか」という理由さえわかれば、決して基本的な部分で失敗するはずはないのです。

野菜は、どんな切り方をしてどんな温度と時間で加熱すれば「シャキッ」とするのかを知らずに、中華鍋の振り方だけ練習してみても、料理は上手になりませんし、肉をどう扱ったとき、内部の水分を保持できるのかを知らなければ、最高級の肉を買ってきたからといって、おいしく焼けるとは限らない、ということです。

理屈がわかっていれば、中華鍋を豪快に振ることができなくてもおいしい野菜炒めは作れますし、最高級の肉ではなくても絶品のステーキやソテーは焼けます。

僕はみなさんに、ごく身近で手に入りやすい材料を使い、いつもキッチンにある当たり前の調理器具で、おいしい家庭料理を作ってほしいと思っています。

ご家庭でおいしい料理を作るために必要なのは、多機能型の便利な調理器具でもなければ、修業でも、コツでもありません。

「なぜこうするのだろう?」とちょっと考えてみる好奇心、そして「別の素材だったらどうなるのだろう」「普段焼いているものをゆでてもいいのではないか」「生で食べているものをオーブンで焼いてもいいはず」と考えてみる小さな冒険心です。

この本では、ふだんはあまり料理をしない方にも、毎日家族のために料理をしている方にも、まったくの料理初心者の方にも、また「週末に凝った料理を作るのが趣味」という男性にもおすすめできる方法と、そしてその「理由」をなるべく簡単に、でもきちんとお伝えしようと思っています。

きっと、あなたの腕は明日から一段階、確実にランクアップするはずです。

あなたの料理で笑顔が増え、食卓がより豊かな時間になることを心から祈っています。

水島弘史

目　次

煙も出ない、脂も落ちない、究極のサンマの塩焼き
弱火で焼けば切り身も干物もビックリするおいしさになる
焼き鳥に竹串を打つ理由も「温度管理」
魚焼きグリルで魚以外のものを焼いてみよう
オーブントースター、オーブンレンジのグリル機能は機種によって違いが大きい
サーロインステーキは高温に熱したグリルパンで強火がおすすめ

煮込みの法則 BOIL

鍋の最高温は100度、圧力鍋は120度以上
鶏のササミは水からゆでて65~70度になったらストップする
水は油よりも食材に熱を通しやすい!
弱火で焼いてから煮込めば、肉が「味の抜け殻」にならない
豚の角煮も筑前煮も、弱火で中までしっかり火を通してから煮る
「しゃぶしゃぶは脂が落ちてヘルシー」は勘違い
寄せ鍋の肉や魚は最初に「70度までで下ゆで」するとアクが全部とれる

2章 味つけの新法則

「塩少々」「塩で味をととのえる」はあり得ない！
肉の重さの0・8％の塩が「正しい塩加減」
コショウやハーブは「適宜」でも塩分だけは「適切」に
パスタは水1リットルに対し15ｇの塩を入れて「表示通り」の時間でゆでる
塩を入れるからこそ「アルデンテ」はおいしくなる
塩分濃度が高ければ多少ゆですぎてもコシは強いままになる
ペペロンチーノのパスタは「湯切り」しない
「乳化」の意味がわかると絶品のボンゴレが家で作れる
フランスのマヨネーズは酸っぱくない
「出し」をきかせても減塩にはならない
ホワイトルーは「小麦の旨味」を味わうもの

レシピ
小麦の旨味を引き出したホワイトルー……… 182

機能が多すぎる調理家電で「料理脳」が働かなくなる
オーブンの温度は自分で測って確かめよう
電子レンジは「未完の調理器具」
中華鍋は「腕」に自信がなければ使わないほうがいい
多層鍋の仕組みは「フライパンの弱火」とほぼ同じ

1章

加熱の新法則

すべての食材は「ゆっくり加熱すること」でおいしくなる

僕の弱火調理は「低温調理」だけではなく「低速調理」

「弱火シェフ」と呼ばれている僕ですが、実はちょっとだけ「心外」です。僕も使うべきときには強火を使います！　実際、サーロインステーキは、ガンガンに熱した波型のグリルパンで短時間焼いて食べるのが、僕は一番好きです。

それよりも、気になっているのは、「はじめに」でも少し触れましたが、「なんでもかんでも弱火にしなければいけない」と勘違いしてしまう方が増えてしまったように感じることです。

「弱火で料理って、ようするに低温調理ということですよね」と言われることも多いのですが、これは半分間違いです。

僕がいつもおすすめしているのは「低温調理」というよりも「低温調理を含む低速調理」です。「低温だから結局低速になるのでは」と思うかもしれませんが、そうとは限りません。

たしかにローストビーフは１２０度という低温設定のオーブンでゆっくりと焼き、チキンソテーも野菜炒めも弱火のフライパンでゆっくり加熱すれば、失敗のリスクは最小限におさえられ、誰でも上手に作ることができます。

ただ、フライパンでチキンソテーを焼くときに、いくらコンロの火が「弱火」であっても、加熱を続ければフライパンの表面は１８０度から２００度近くまで上がっているのです。つまり、これは「低温調理」ではありません。「コンロの火力目線」では、弱火調理ですが、実際には立派な高温調理なのです。

ローストビーフとチキンソテーの作り方に共通するのは「低温」ではなく「ゆっくり加熱」の部分だけで、低速調理が低温とは限らないとも言えます。

また同じ「低温」と言われる温度であっても、オーブンの低温、お湯の中での低温と、油の中の低温などを比べると、それぞれ温度も違えば環境もまったく違います。オーブンの低温といえば１００度とか１２０度あたりのことを言うことが多いのですが、庫内にちょっと手を入れただけで火傷をすることはありません。お湯はどんなに強火で加熱しようが１００度以上になることはありませんが、手を入れればすぐに火傷をします。蒸し器の場合も、圧力がかからなければ蒸気の最高温は１００度。

お湯の低温といえば30度とか40度のぬるま湯のこと。油の場合の100度は手を入れたら火傷する温度ですが、食材を揚げる温度としては最低温です。通常、油の低温といったら、150〜160度が一般的でしょう。

同じ食材でも、お湯でゆでる場合と、お湯と同じ温度の油で揚げる場合は、食材への火の通り方がまったく違います。油で揚げたほうがすぐに火が通るように感じるかもしれませんが、実はお湯でゆでたほうが食材に早く火が通ります。これは、食材の中にも水分が含まれているため、水どうしだと熱伝導性がよくなるためです。いっぽうの油は食材の中に入りこまないぶん、水と同じ、または水より高い温度でも熱伝導性は低く、食材にはゆっくりと火が通っていくのです。

同じ温度、同じ低温といっても、環境によって熱の伝わり方は違うということです。

「しっとりジューシーでやわらかい」は水分のコントロールから生まれる

僕は、食材をおいしく調理するためには、まず食材に含まれる水分を食材の中からできるだけ外に出さないようにして、ジューシーに、食材本来の風味や香りを極力損なわずに仕上げたいと思っています。特に肉の場合は水分、つまり肉汁を肉の内部に保持して、やわらかく仕上げることを目指しています。

そのためには、肉や魚であれ、野菜であれ「食材にできるだけゆっくりと火を通す」ことがもっとも効果的なのです。

強火で加熱する料理にもおいしいものはあります。肉の場合がもっともわかりやすいでしょう。あえて「しっとりジューシー」とは違うものを目指す調理法もあれば、食べる人の好みも違いますから、チキンソテーでもステーキでもハンバーグでも、魚や野菜も、実は「絶対的な正解」というのはありません。

けれど、僕がみなさんにおすすめしているのは、「家庭にあるありふれた器具を使い、あまり経験がなくても、素材の旨味を生かしてジューシーに作れる」という方法。

ただ、家庭用のありふれた調理器具といっても、実際にはフライパンや鍋の底の厚さも違えば、熱源の強さも違います。だからといって、ひとりひとりの台所を訪問して「このフライパンならば、コンロの火はこのくらいにして」とお教えすることはできません。

一般的には弱火のほうが失敗リスクは低いですが、「弱火」ならなんでもかんでもうまくいくかというとそうではありません。チキンソテー（皮つき）にしても、最初から最後まで極端な弱火のまま、20分以上も焼いていれば皮はパリッとするのを通り越して焦げますし、肉はパサついてしまいます。

この章では、加熱調理の過程でこうした失敗がなぜ起きてしまうのか、ではどうすれば失敗リスクを下げられるか、について少しくわしく書いてみようと思います。

肉目線、魚目線で「温度」を考えると「おいしい理由」がわかる

加熱調理で大切なことは、肉や野菜などの中で何が起きているかを知ることです。コンロが弱火だとか中火だとか、オーブンが100度か200度か、という「環境」を考えるより前に、まず「素材目線」になって考えてみてください。

たとえば肉を焼く場合を考えてみましょう。肉は筋肉、スジや骨、皮など、そして多

加熱と肉の変化

温　度	肉の変化
25度前後	人間の生活における「室温」ですが、室温にしばらく置いたままにしてある肉には、なんの変化も起きません。
40度前後	肉にとっての「常温」です。つまり動物の生体温度（体温）。これは動物によって多少違いがありますが、室温よりはだいぶ高い温度です。生きているときの体温と同じ状態であれば、肉に変化は起きません。
常温〜50度前後	動物の体温以上に加熱をすると、肉の細胞が少しずつ変性し始めます。まず筋原線維（筋肉のタンパク質）の部分が収縮を始め、肉の表面近くにある水分が肉の外に出ていきます。そうした変化が特に大きく表れるのは50度前後です。この変化は温度が上がるとともに進行していきます。最初に出てくる水分には肉のアク（体液、老廃物）も含まれます。
65度前後以降	コラーゲンとして肉に含まれているタンパク質部分が固くなり始める。コラーゲンは筋原繊維よりも固いタンパク質なので、変性に時間がかかります。
80度前後以降	肉の中のコラーゲン部分がゼラチンに変性してやわらかくなり始めます。
180度前後	肉に焼き色がつき始めます。 細胞内の糖質とタンパク質（アミノ酸）は加熱によって、徐々にメイラード反応と呼ばれる化学反応を起こしますが、この温度帯で反応が急速に進み、香ばしい、いい匂いが立ち上ります。それ以上になると、表面が黒く焦げ始めて苦くなってしまいます。

くの水分でできています。

加熱するにしたがって肉には、さまざまな変化が生じます。

肉の加熱で一番大事なのは「50度前後」の温度帯

温度帯別の変化は、前ページ表をご参照ください。

肉の中では「50度前後」に、いろいろな変化が急激に起きていくことがわかります。「料理する人目線」で見ると、水分が出てくる、アクが出てくる、肉が縮む、といったことですが、これらが起きるのはすべてこの温度帯です。また味がしみ込みやすくなるのも、この温度帯。50度前後は、食材の内部と外部の「出入り」がとても多くなりますから、料理をする上で非常に重要な温度帯なのです。これを利用したアク抜きの方法も、あとでご紹介します。

いっぽう、「食べる人目線」で見ると、肉を「やわらかく食べられるポイント」がふたつあることに気づくでしょう。まず、内部まで火が通っていてしかも固くなる手前、もうひとつは、さらに加熱してコラーゲンがやわらかくなってからです。

つまり、60度前後に向かって固くなろうとする肉を「できる限り固くしない方法を工夫して加熱する調理」と、「コラーゲンがトロトロになるまで加熱をし続けた調理」のどちらかで、肉はおいしく、ジューシーに食べられるわけです。前者だけの工夫で作るのが、チキンソテーやビーフステーキなど。後者を利用するのが、シチューやポトフほかの煮込み料理ということになります。

さて、さきほども書きましたが、食材を加熱するといってもフライパン、オーブン、グリル、ゆでる、油で揚げる、蒸す、と調理法はさまざまです。それぞれの調理法によって、基本的な加熱方法が変わります。すべての調理法で、ほとんどの場合にもっとも重要視されることは、「低速」=「ゆっくりと火を通すこと」です。

主にその観点から、素材にこだわらず「おいしく加熱する方法」について説明しましょう。

フライパン加熱の法則 SAUTÉ

最初にチキンソテーを極めよう

まず、もっとも身近なものが「フライパン」を使う加熱です。肉や魚介類を焼くソテーが代表的なものですが、おなじみの野菜炒めもソテーの原理はまったく同じです。

わかりやすい例として、チキンソテーの焼き方をちょっと「深掘り」してみましょう。

鶏のモモ肉、胸肉、どちらでもかまいませんが、「皮を香ばしく焼き、内部はジューシーに仕上げたい」と思った場合、多くの人は「まず油をひいたフライパンを強火で熱し、肉を入れて皮目に焼き色をつけ、あとは弱火に落とす」という方法をとりがちです。「皮に焼き色をつけてから、フライパンにフタをして蒸し焼きにする」という方もいるでしょう。

最初が強火であっても、おいしいチキンソテーが絶対にできないというわけではありません。ただ、皮目に焼き色がついてから火を落としても、強火で焦げ目がつくまでに熱したフライパンの表面は確実に200度を超えており、そのまま高い温度での加熱はどんどん進んでしまいます。

また、これはすぐに見た目でわかりますが、急激な加熱をすると、皮はあっという間に縮んでいきます。もちろん、皮だけではなく身のほうも同じです。フライパンの中で、肉はみるみるひと回り小さくなっていきます。

なぜ小さくなるのかといえば、肉の水分が外部に出てしまうからです。フライパンに水分がたまらなくても、出てきた水分はどんどん蒸発しています。つまりジューシーさが失われることで、肉は当然パサつく方向、固くなる方向へと変化していきます。

それは動物の細胞にとってはごく「自然」なことなのです。

肉を最初から弱火で加熱することで、水分の流出は最小限ですむ

それでも、「中まで火を通しながら、しかも水分を保持してやわらかい状態で食べたい」という場合に、唯一効果的な加熱方法があります。それが「なるべくゆっくりと火

を通すこと」なのです。特に、さきほどご説明した「50度前後」の温度帯をゆっくりと通過させて火を通していくことがもっとも重要です。

厳密に言えば、動物の体温、つまり40度少し前あたりから、ほぼ火が通る60度あたりまでを「低速で加熱する」のが一番重要になります。これは肉でも魚でも基本はまったく同じです。

だからこそ、すぐに火傷するほど熱くなるフライパンを使い肉や野菜を焼く場合には、できる限り温度が急激に上がらないようにする必要があり、そのもっとも簡単な方法が「最初から弱火で加熱する」ということなのです。

これが、僕がいつも「弱火」をおすすめする理由です。

一般的な家庭のコンロというのは、プロ用よりも火力が弱いと思われがちですが、家庭のフライパンは通常プロ用よりも底が薄く、また炎とフライパンの底の距離が近いのです。フライパンや鍋をのせる「五徳」という台が低い。火力が中華料理店の厨房より弱くても、フライパンにペタリと肉や野菜を置いて強火で加熱すれば、あっという間に焦げてしまいます。焦げないまでも、食材の内部への火の入り方は非常に早くなります。

これがもっとも多い「家庭で肉を焼くとジューシーに仕上がらない」理由です。

冷たいフライパンにいきなり肉をのせるという方法を僕が紹介したら、最初はビックリされたものです。「え、強火で焼いて肉汁を閉じ込めるんじゃないの？」「そんなことをしたら、なんだかベタベタになりそう」「逆に固くなりそう」「旨味が逃げるんじゃないの」という声があいついだものですが、実際にやってみていただければ、そんなことはまったくありません。

強火ソテーと弱火ソテー、同じチキンで比べてみよう

実際に、強火と弱火、両方のやり方でチキンソテーを焼いてみました。

実験1 ― チキンソテーを強火と弱火で作って比較

A 強火で加熱したフライパンに肉をのせてしっかり焼き目をつけ、そのあと弱火に

してフタをして火を通した場合

B 冷たいフライパンに肉をのせて、弱めの中火〜弱火で加熱した場合

焼き上がりは口絵の2ページを見てください。

Aの方法だと焦げ目はつくものの、皮がぐんにゃりとして、香ばしさというよりは、焦げた部分の苦さが残ります。火は中までしっかり通っていますが、「ちょっと煮すぎた煮物に入っている鶏肉」、という食感です。おろしポン酢などをかけて食べれば、別に問題はないとも言えますが、「チキンソテー」として、そのまま出すにはいかがなものか、という風情のものができあがりました。

Aの方法で焼き目をつけたあと、フライパンにフタをしないで焼いた場合でもあまり皮にはパリッとした食感が残らず、身のほうもかなり固めに仕上がります。

Aと**B**を比べて、見た目ですぐにはっきりわかるのは鶏肉の大きさです。ほぼ同じ大きさのものを焼いたにもかかわらず、**A**はひと回り小さくなっていました。特に皮の縮みが大きくなります。

やはりチキンソテーとしては、**B**に軍配があがると思います。

Bの方法は、まず鶏肉（モモ肉か胸肉1枚）に塩をして（肉の重さの0・8％＝200gなら1・6g）、冷たい油を少しひいたフライパンに皮目を下にしてのせ、それからコンロに火をつけて、最初は弱めの中火で焼き始めます。油が跳ね始めたら火を弱火に落とし、肉から出てくる脂をペーパーで拭き取り、そのまま触らず肉の厚みの7割まで火が通ったら裏返してさらに2〜3分焼くというもの。苦手だという人が多い鶏の皮も、この方法で焼けばパリッとして、中はわずかにピンク色が残るジューシーな仕上がりになります。

この方法で成功した方は、みんな口をそろえて、「肉を焼くのは弱火に限る‼」と絶賛してくれます。

極端に火が弱すぎても「皮パリ・ジューシー」にはなりません

ところが、です。「弱火でやっているのに、ちっとも皮がパリッと仕上がらない」「できるにはできたけど、相変わらず中は固くなってしまう」という声も聞こえてきました。「どこで失敗したのだろう」といろいろくわしく話を聞いてみると、ほとんどの場合が、「極端な弱火」によるものでした。最初から最後まで、弱火というよりもとろ火に近い状態で、20分以上焼いてしまった、というケースもありました。もしも皮なしのチキンを焼く場合であれば、最初からずっと弱火でもかまいません。しかし、モモ肉にせよ胸肉にせよ、皮つきのものを「皮はパリッと、中はジューシーに」を目指して焼く場合、火が弱すぎるとたしかに内部の温度上昇はゆっくりになりますが、皮には焼き色がつきません。

コラーゲンを含んだ皮は脂肪と同じ成分も含んでいますから、高温で加熱しなければ焼き色もつかず、よぶんな水分も抜けないため、いくら時間をかけてもパリッとしないのです。この温度までにフライパンの温度がじゅうぶんに上がらないと、皮はぐにゃりとしたまま加熱され、時間の経過とともに肉の水分だけが失われてしまいます。いくら弱火であっても、時間をかけすぎれば細胞の水分は少しずつ蒸発していき、パサつきが目立つようになってしまうのです。

その結果「皮はパリッと、中はジューシー」ではなく、「皮はぐにゃっとして中は固め」という状態が生まれます。

「極端な弱火」があだになった形です。

家庭のコンロを使う場合の目安として、僕は以前の本で「火力調節のつまみ」ばかり見ずに、フライパンと火の距離もちゃんと見なさい、と説明していたのですが、考えてみると、フライパンにしても、コンロにしても、同じ「家庭用」でもいろいろな違いがあります。特に、普段から多層構造の厚手のフライパンを使っている場合だと、「弱めの中火」のつもりでも、度を越した「弱火」になっている場合もあるのです。

だからといって、鶏肉を焼きながら、常にフライパンの表面温度を測定しなさい、と言ったら大ブーイングが起きるでしょう。

そこで、今回の本では、「絶対に失敗しない皮がパリパリのチキンソテー」の改訂版レシピを書いておきます。今までほかの本、テレビなどでご紹介したものとまったく同じ作り方ですが、説明の仕方をさらにていねいに、どなたにも誤解のないようにしたつもりです。

レシピ 皮がパリパリ、中はしっとりのチキンソテーの作り方

材料

●鶏モモ肉（または胸肉）……1枚

●塩……肉の重さの0・8%●サラダオイル……5g（小さじ1）

作り方

①肉の両面に均等に塩をふる。塩をふってから時間をおくと、浸透圧で肉の水分が外に出てしまうので、すぐに焼くこと。

②冷たいフライパンにサラダオイルをひき、塩をふった肉を皮を下にしてのせる。

③「弱めの中火」（目安）で点火してから、肉がのったフライパンを火にかける。

④30秒ほどすると、「シュー」という音がし始める。30秒たってもまったくこの音が聞こえてこなかったら火が弱すぎるので、少し強める。

⑤やがてパチパチという音が聞こえ始める。油がフライパンの外に跳ねだしたらフラ

イパンは180度前後に上がっており、皮に焼き目がつく温度になっているので、火を少し落として弱火にする。弱火といっても、「油が外に跳ねるのはおさまるが、パチパチという音がキープできる火力」を維持する。シューという音しかしない場合は温度が低すぎる。

⑥この段階で、出てきた脂、よぶんな水分をキッチンペーパーで拭き取る。（④の「シュー」といっている段階で油を拭き取ってしまうと、「パチパチ」という音がしないため、温度が上がっていることを見極めにくくなる。）

⑦そのまま加熱を続け、肉の高さの7割まで色が白く変わるまで焼く。焼いている間に、肉をときどき持ち上げて皮とフライパンの間に水分がたまっていたらキッチンペーパーで拭き取る。それによって、皮が蒸れてしんなりしてしまうのが防げる。

⑧反転して2分ていど焼く。肉の側面を菜ばしの後ろなどで軽く押して、押し返す弾力があれば火が通っている。

⑨好みでコショウをふって完成。

厚みにもよりますが、だいたい15分弱で焼き上がるはずです。15分以上かかると、火が少し弱すぎます。20分以上もかかってしまう場合は「弱火」というより「とろ火」になっているはずで、これでは焦げ目はなかなかつかない上、水分も時間の経過とともに失われ、結局肉がパサついてしまいます。

「改訂ポイント」は火力の見分け方です。炎を横から見て、火の高さやフライパンの底との距離を見ましょう、という説明をしたことがあったのですが、これは不十分でした。むしろ「炎を見る」よりも、焼いているときの音を基準にしたほうが、特にこの料理に関しては失敗がないと思います。

これまで「弱火チキンソテーがうまくいかなかった」という方は、ぜひもう一度試してみてください。

なお、焼く前の肉を均一になるようにのばしたり、肉にフォークで穴を開けたり、切れ目を入れたりする必要はありません。むしろ火が急速に入りやすくなって、固くなる原因になります。皮の周辺に白い脂のかたまりがあってもあまり神経質に取り除く必要はありません。加熱するときに溶け出しますから、拭き取ればだいじょうぶ。

なぜ胸肉はパサつきやすいと言われるのか

同じ鶏肉でも、胸肉はパサパサしているとよく言われます。胸肉は加熱の仕方によってはモモ肉よりもパサついた食感になりやすいのはたしかです。しかし、これはもともと肉が持っている水分の量が違うためでありません。モモ肉と胸肉では筋肉の並び方が違うため食感に違いが出るのです。胸肉は筋肉の繊維が均一に、ぎっしりと並んでいるため、熱も均一に伝わりやすく、サクッと噛み切れるような食感になります。

いっぽうのモモ肉は、筋肉の間に筋膜、スジ、脂肪などが入っている部分があるため、熱はランダムに伝わります。コラーゲンや脂肪は火の通りが遅いので、全体としてゆっくりと火が入っていくのです。その結果、水分を保持しやすい。食感も胸肉とは違い、しっとりとはしているものの、サクッというよりもっと弾力があり調理法によっては噛み切りにくい印象になります。

胸肉は、火の通りを遅くする部分が入っていないため、熱の伝わりがスムースで、熱が入りやすく、同時に水分を失いやすいと言えます。ササミはさらにこの傾向が強くなります。

だからこそ、胸肉、ササミは、モモ肉以上に火をゆっくりと通すことを心がけないとパサつきやすくなるのです。

とは言うものの、ゆっくりと加熱すれば水分はじゅうぶんに保つことができますから、非常にしっとりとした仕上がりになるということです。どこを食べてもしっとり、食べやすい食感の胸肉ソテーが作れます。

できれば、同じフライパンで胸肉とモモ肉を同時に焼いて「外はパリパリ、中はしっとり」のチキンソテーを作って比較してみてください。

モモ肉好きの方でも、皮がパリッとして中がしっとりした胸肉のソテーは「これなら納得！」と思われるのでは？

また、翌日に食べる、お弁当に入れる、といった場合にはモモ肉よりも胸肉のほうが、食感もよく食べやすいという方も多いようですよ。

ただ、どうしても鶏の皮が苦手という方は、モモ肉でも胸肉でも、皮をはずして焼いてください。

その場合は皮があるときより、ずっと火の通りが速くなります。ご紹介したのは、皮をパリッとさせて、しかも中をしっとりさせる焼き方ですから、「最初は油が跳ねる温度まで上げて焼き色をつける」目的で、油がパチパチ跳ねる１８０度以上にフライパンの温度を上げますが（目安は弱めの中火）、皮がない場合には、最初からもっと低い温度（目安は弱火）で焼くことをおすすめします。「皮がパリパリ」を目指さない場合ならば、フライパンで焼く以外に、ゆでる、蒸す、といった調理法も考えられますが、これはあとでご紹介しましょう。

家庭のフライパンで厚いビーフステーキを焼いてみよう

チキンソテーのつぎに考えてみたいのは、ビーフステーキです。ビーフステーキも鶏と同じように火をゆっくりと通してジューシーに仕上げたい、という点ではまったく同じです。

そのためには、いろいろな方法があります。ひとつは、低温（120度前後）のオーブンに入れてゆっくりと加熱してから、焼き色をつける方法。オーブンがない場合には、ジッパーのついた密閉ビニール袋に肉を入れて空気を抜き、袋ごと水に入れてから火にかけ、ゆっくりと温度を上げて火を通し、最後に焼き色をつける方法などです。

いずれの方法も、けっこう時間がかかりますが、高級なお肉ではなくてもとてもやわらかく、おいしく仕上がります。

特におすすめなのは赤身のフィレ肉。サーロインなど脂の多い肉でも同じように焼けますが、少し脂っぽいと感じる人もいるでしょう。僕自身もサーロインで1センチていどの厚さの肉は、あとでご説明する波型のグリルパンで、強火で焼き上げたほうが好きです。

ビーフステーキをフライパンで焼く場合の火加減は、チキンソテーよりもさらに細心の注意が必要になります。チキンソテーは皮をパリッと焼きたい、しかも内部はジューシーにしたい、という条件をクリアしなければならないため、弱火といっても、180

度という高温が必要になります。

しかしビーフステーキの場合は皮がありませんから、とにかく最初から弱火で温度をコントロールする必要があります。フライパンの温度を終始60度前後にしておけば火がゆっくりと入っていきます。厚みが2センチ以上ある肉の場合、肉の中心部が温まるまでには15～20分はかかるでしょう。オーブンを使う場合や、あらかじめ真空に近い状態で水に入れて加熱する方法も時間はかかりますが、フライパンの場合はずっと肉につきっきりで様子を見、時間を測る必要があるので、はっきり言って手間はかかります。

ただ、オーブンがご家庭にない場合などで「今日は気合入れてステーキを焼くぞ！」という場合にはぜひ試してください。

レシピ フライパンで焼く厚切り牛フィレステーキ

材料

●牛フィレ肉……200～250g

●塩……肉の重量の0・8%●サラダオイル……大さじ1

作り方

①キッチンタイマーを、ひとつではなくふたつ用意する。ふたつも持っていない、という人はスマホのアプリなどを併用で!

②牛フィレ肉を冷蔵庫から出す。室温に戻す必要はありません。

③肉全体に薄く手のひらでサラダオイルを塗る(油の膜で火の通りをゆるやかにするため)。ここで塩をする必要はありません。焼き上がってから、焼き目とカットした断面にふりましょう。

④冷たいフライパンに肉をのせる。コンロの火を弱火に点火し、フライパンを火にかける。

⑤2つのタイマーを使いながら、Ⓐと Ⓑを並行して続ける。

Ⓐ5分経過するごとに反転する。

Ⓑ肉の周囲の油(フライパンの表面に出てきた油)に、小さな泡が出てきたら火を

止めて1分放置し、再び弱火に点火する。(※注1参照)
⑥好みの焼き加減になったら肉を取り出し(※注2参照)、用意した塩の3分の2をふる。
⑦フライパンを強火で煙が出るまで熱し、(※注3参照)、両面を約30秒ずつ焼いて焼き目がつけば焼き上がり。
⑧肉をアルミホイルに包んで5分ほど休ませる。(※注4参照)
⑨2〜3等分して、切り口に残りの塩をふって完成。

※注1
大事なところです。片方のタイマーでⒶの時間を測り続け、もうひとつのタイマーでは「放置する1分」を測ります。

Ⓐの「5分ごとに反転」は、Ⓑで火を止めて放置する間も時間を測り続けること。つまり1分放置する時間も「5分」のうちで、火がついている時間だけを測るわけではありません。

1分放置しては再び弱火に点火する、ということを数回繰り返すうちには、火をつけてからほんの20〜30秒ほどですぐ油に泡が出始めるようになりますが「泡が出たら火を止めて1分放置」は変わりません。もちろん、その間も「5分ごとに反転」は続けてください。

加熱の間は「シュー」とも「パチパチ」とも音がしない火加減であることが大切です。

単純な作業なのですが、教室で生徒さんたちといっしょにこの方法で焼いていると、「火を止めて1分放置」のとき、Ⓐを測っているタイマーのほうもうっかり止めてしまう人もいます。

くれぐれも、5分ごとの反転は淡々と続け、それと並行して「泡が出てきたら火を止めて1分放置」を行ってください。火を止めている間に「反転」をしなくてはいけないケースも出てきますが、忘れずに5分ごとに必ず反転してください。

※注2
厚みによりますが、反転は、3～4回以上になると思います。

火の通り方の目安は、口絵3ページの写真をごらんください。写真はローストポークですがビーフステーキも同じです。肉の片側をトングで持ち上げたとき、90度近くまで折れ曲がる状態ならばミディアムレア、あまり曲がらなければウェルダン。中間ぐらいがミディアムです。

※注3
最も重要なポイントです。ここまで弱火で根気よく焼いてきたものを、強火で仕上げるのです。必ず強火でフライパンから煙が上がるまでじゅうぶんに熱すること！　じゅうぶんに熱し

ていないと焼き色はつきません。中途半端な加熱でせっかくの肉を台無しにしてしまう、という失敗もここでよく起きます。ここまでゆっくりと加熱を進めてきた肉は短時間強火で焼いても、急激に縮むリスクが低いので、最後だけは思い切った強火で仕上げてください。

※注4

焼いた肉を切る前に保温しながら5分ほど休ませるのは肉汁を落ち着かせるためです。熱いうちだと肉の内部に残った水分はまだ動いていて、切ったとたんに肉の外にあふれ出ようとするからです。少し温度を下げることで水分が落ち着き、切っても内部にとどまります。どうしてもすぐ食べたいという場合は休ませなくてもかまいませんが、その場合は切ってから食卓に出すのではなく、各自食卓で切ったほうがいいと思います。

ちなみに、ほんとうにおいしい肉を焼く場合に、シェフによっては「無理に焼き色をつける必要はない」とも言います。肉をゆっくり加熱して好みのていどまで火を通したら、別に焼き色をつけないまま、塩で食べても肉はおいしいものです。

とは言うものの、メイラード反応で生まれるいい香り、また「こんがり焼けておいしそう」という感覚は誰しもが持っているものですから、やっぱりステーキには焼き目がほしい！　という人のほうが多いでしょう。

最後の最後で時間をかけすぎて火を入れすぎないように、という点だけ注意して、短時間で香ばしい焼き目をつけてからお召し上がりください。

店の鉄板は極厚なため火が強くても「低速調理」になる

では、鉄板焼きのお店で、目の前でステーキを焼いてくれるお店の場合はどうしているのでしょうか？　「大きなフライパン」のようにも思えるお店の鉄板は、実はまったくフライパンとは構造も違い、火の強さも違います。

店で使う鉄板の厚さは、お好み焼き専用のものでも1センチ近く、ステーキを焼くことを前提にした店の鉄板は2センチ近いものも少なくありません。非常に厚く、しかも大きなオーダー鉄板はとても高価な設備でもあります。

こうした鉄板でお客さんの目の前でステーキを焼くところを見ていると、まず「いかによい肉か」を見せ、その後すぐに鉄板に置いて焼き目をつけていくケースがほとんどです。そのあとから、ステンレス製の半球のドームをかぶせて加熱し、焼き上がりを切り分けてからお皿にのせて出してくれます。断面にも焼き目をつけてから出す場合もあるでしょう。

見ているだけだと、かなりの高温で焼いているように思えますが、非常に鉄板が厚いため熱伝導率は低く、家庭のフライパンよりずっとゆっくりと肉に火が通ります。最初に焦げ目をつける時点での温度は当然お店でも200度前後になっていますが、注意して見ていれば、お店の場合はその後、肉の位置を動かして、少し脇に寄せるようにしているはずです。こうした鉄板は、鉄板の下にガスの熱源が複数あり、場所によって温度に違いがあります。最初に高温部分で焼き、その後低温の部分に移してからゆっくりと均一に火を通そうという工夫をしているのです。お客さんの目の前で焼き目だけつけてから、オーブンに入れてゆっくり火を通すというお店もありますが、いずれにしても「お店は強火だからおいしく焼ける」というわけではないのです。単に「ゆっくり火を通す」という方法に違いがあるだけ、と思ってください。

ご家庭で「よりやわらかく仕上げるため、火をゆっくりと入れたい」という場合は、「冷たいフライパンから弱火で」が、もっともリスクが低く、ジューシーに仕上がる方法です。

家庭でもできる「真空調理」でステーキを焼く

真空調理も最近ブームになっていますが、実は2度目のブーム。

最初のブームのときは「焼き色をつけた肉などを真空にしてゆっくりお湯の中で加熱する」という方法がよくすすめられていました。この方法だとせっかく焼き目をつけた表面が肉から出る水分でしっとりというよりふにゃふにゃになって「香ばしさ」が味わえなくなる上、肉の表面のよぶんな油や水分ごと食卓に出してしまうことにもなり、なんだか臭みがある、表面の食感がよくない、とも言われました。最近は同じ真空調理でも、焼き目は最後につけるのが主流です。

ご家庭で試す場合には、ジッパーつきの密閉袋に肉を1枚ずつ入れて、極力中の空気を抜きます。肉を入れた袋の口のすみっこを数センチだけ開けたままボウルに張った水に沈めていくと自然に空気が抜けていきますので、最後に口を閉じましょう。開いた袋の口からボウルの水が中に入らないように気をつけて。この方法なら完全にとは言えませんが、ほぼ真空になります。鍋の底にキッチンペーパーを3～4枚重ねてしき、静かに水を張ってから袋に入った肉を入れ、浮き上がらないよう小さい鍋のフタなどで重しをしたら、弱火でゆっくりと55度まで加熱します。ここは、きちんと温度計で測ってください。55度になったら肉の上下を反転し、火を止めてフタをして10分そのまま置いておきます。肉を取り出してペーパーで水気を拭き取ったら重さを量り、重さの0・8％の塩を用意し、その3分の2を両面にふります。フライパンを熱して、薄く煙が出るほどになったら両面を20～30秒ずつ焼いて、あとはアルミホイルで包み、5分休ませたらOK。切り口に残りの塩をふれば完成です。

この方法なら、しっとりとほどよいミディアムレアの焼き上がりになりますので試してみてください。

時間はかかりますが、「55度まで温度をゆっくり上げる」という部分さえ間違いなく行えば、火加減で失敗することはありません。すぐ冷めてしまうような小さすぎる鍋やフライパンは避けること。

オーブンを使って焼く方法については83ページをご参照ください。

肉汁があふれるハンバーグが「ジューシー」とは限らない

同じフライパンを使う料理についてさらに考えてみましょう。つぎは、同じ肉料理でもひき肉をまとめてから焼くハンバーグです。家庭料理の定番ですが、家で作るとお店みたいにふっくら仕上がらない、パサつく、固いという声をよく聞きます。

テレビでも取り上げられる「名店のハンバーグ」「行列ができる店のハンバーグ」というと、ほとんどが「切ったとたんに肉汁があふれ出る」という、おなじみの映像がしょっちゅう流れています。「やっぱり家庭では、こうはいかない」というわけです。

たしかに、肉汁があふれ出す映像は食欲をそそるのかもしれません。切って肉汁があふれないと「失敗」と思っている方もいます。

でも僕のレシピは、これとはだいぶ違っています。切っても「肉汁」はお皿にあふれてきません。だからといって肉汁が失われてしまったわけではなく、肉汁は肉の内部にとどまっているため、お皿に流れ出ないというだけ。

「切ると肉汁があふれるタイプのハンバーグ」はほとんどの場合、強火から調理を始めますが、僕は冷たいフライパンから焼き始めます。

僕はこれまで何度も「最初に肉の周囲を強火で焼き固めるから失敗するのだ」と言い続けてきたのですが、正しい方法であれば「最初に強火」が全部間違いというわけではありません。「目指すゴール」が違えば、方法も違ってくるというだけです。

実際に、これもふた通りの方法で焼いてみました。

実験2　強火ハンバーグvs弱火ハンバーグ、肉汁はどうなる？

A すりこぎを使って短時間でひき肉をまとめ、最初から弱火でフタをせず最後まで焼く。

B 手でひき肉を長い時間こねてから、最初は強火で焼き目をつけ、強火のまま、周囲に湯を張り、フタをして蒸し焼きにする。

焼き上がりは口絵の4ページを参照してください。

Bはお皿の上で切ると、肉汁があふれ出し、ハンバーグを上からちょっと押すと、さらに水分がどんどん出てきます。食感は非常にやわらかく、口の中でひき肉や具が崩れていく感じです。

いっぽう**A**のほうは、お皿の上で切っても肉汁はお皿に流れ出してきません。まな板の上でふたつに切ってからお皿にのせても問題なし。食感は**B**に比べるとしっかりしていますが、パサつきはなく、肉の味がはっきり味わえます。

これは、結論から言うと「お好みしだい」で、どちらが「正解」とは言い切れません。

ふたつの作り方は、焼く前の段階からまったく違うので、それぞれもう少しくわしくご紹介しましょう。そして、なぜこれほどの違いが出るのかを説明したいと思います。

用意する材料はどちらもまったく同じです。

レシピ 正しい強火ハンバーグ＆弱火ハンバーグ

材料（1個分）

●牛豚の合いびき肉……120g
●タマネギのみじん切り……80g●パン粉……5g●溶き卵……10g●牛乳……10g
●塩……材料の合計の0・8％●ナツメグ……0・3g
●コショウ　お好みで

作り方 **A** **弱火ハンバーグ**

①タマネギのみじん切りは弱火で5分炒め、冷ましておく。
②冷めたタマネギに、パン粉、卵、牛乳を合わせて、塩の半量を加えてよく混ぜておく。
③冷蔵庫から出した冷たいひき肉に残りの塩を入れ、すりこぎなどで最初は突くようにしながら肉を結着させる（その際、肉を手で触らない）。

④②と③をボウルに入れて合わせ、ナツメグとコショウをふってからゴムべらや木べらなどで混ぜ、最後だけ手を使って軽く混ぜ、ひとまとまりにまとめる。

⑤冷たいフライパンに分量外のサラダオイルを薄くひき、成形したハンバーグをのせ、弱火で点火してからフライパンを火にかける。

⑥最初の数分間で出てくる脂、水分だけペーパーで拭き取り、そのまま焼き、厚みの半分まで色が変わったら反転する。

⑦表面が丸く盛り上がって肉汁がハンバーグの表面ににじんできたら完成。

作り方 B 強火ハンバーグ

①と②はAの弱火ハンバーグと同じ。

③室温に戻しておいたひき肉に塩を入れ、手のひらを使ってしっかり混ぜる。だんだん脂が手のひらの熱で溶け始めてまとまってくる。

④②を肉に加えてさらに手で混ぜ続けていくと脂が全体に回って白っぽくなる。

⑤フライパンにサラダオイルをひいて強火で加熱し、熱くなったところに成形したハ

ンバーグをのせる。
⑥片面に焼き色がついたら返して反対側にも焼き目がつくまで加熱。
⑦両面に焼き色がついたら、フライパンに100ccほど水を加え、フタをして蒸し焼きにする。火は強火のままにする。
⑧表面が丸く盛り上がってくるまで強火で加熱を続けて完成（それ以前に足りなくなったら湯を少し足す）。

強火ハンバーグの肉汁は「肉ダネの中」にとどまっている

Ａの弱火ハンバーグと、Ｂの強火ハンバーグの違いの最大のポイントは焼き方よりも「混ぜ方」にあります。Ａは肉ダネをすりこぎや木べらだけで短時間混ぜ、Ｂは手のひらを使ってかなり長い時間混ぜるのです。

Ｂのように、手のひらの熱を使って長時間混ぜると、ひき肉の脂がしだいに溶け出してベタベタになっていき、さらにこねるとタネ全体がどんどん白っぽくなっていくのですが、これは「肉が結着した」という状態とは少し違います。たしかにひとまとまりになってはいますが、実際には肉どうしがしっかりくっついた状態ではないのです。練っているうち、肉の脂だけではなく、タマネギに含まれる水分なども出てくるため、肉ダネはどんどんやわらかく手にくっつくようになり、手のひらがベタつく脂で真っ白になってしまうほどです。

その結果肉ダネの中には、多くの水分が含まれた状態となります。

ただ、水分は多く含まれているものの非常に不安定な状態ですから、肉ダネ内部の水分をフライパンに流出させないように焼くためには、「強火で肉ダネの周囲を焼き固める」ことがどうしても必要になるのです。この状態の肉ダネを弱火で焼き始めると、焼き上がるまでの間に、タネの中の水分も旨味もどんどんフライパンに流れ出して蒸発してしまうからです。

強火で焼いて、その後、水を入れフタをして蒸し焼きにする理由は、極端にフライパンの中が高温になることを防ぎ、しかも底が焦げつかないようにしながら均一に火を入れるため。水を入れずにフタをして蒸し焼きにしようとすると、弱火でもフライパンの温度はどんどん上がります。当然すでに焦げ目がついたハンバーグはさらに焦げ、いくら周囲が焼き固めてあっても肉ダネに含まれている水分は急速に失われて、パサついた焼き上がりになってしまいます。

焼き上がったハンバーグを切ってみると、見事肉汁がお皿にあふれてきます。少し肉を押すとさらに流れ出てきます。

これが「切ると肉汁があふれるハンバーグ」の作り方。実際に人気店でやっている方法を多少アレンジしたものです。

弱火ハンバーグの肉汁は「ひき肉の中」にとどまる

いっぽうの水島流弱火ハンバーグは、こねるときにほとんど手を使いません。冷蔵庫から出してすぐ、塩を入れてすりこぎで突くようにして混ぜていく理由は、肉になるべく熱を加えないまま、肉同士をしっかり結着させるためです。これは塩を入れることによって初めて可能になります。肉に水分や油を加えて練ると、塩を入れなくてもそれぞれが乳化して肉が密着するのですが、塩を入れると肉のタンパク質の一部が溶け、さらにしっかりと結着します。同時に、肉の細胞内部の水分を保持する力も高まるのです。しかし、20度以上になると結着効果は失われていきます。

手の温度を伝えず、短時間ですりこぎやへらを使って混ぜれば、肉はしっかりと結着し、しかも水分を保持できます。前者の方法と違うのは、その水分が「肉ダネの中」にとどまるのではなく、ひき肉そのものの中に抱きこまれたままの状態になるという点です。

弱火ハンバーグと強火ハンバーグの特徴比較

A すりこぎごね 弱火ハンバーグ	・焼く前と直径はあまり変わらない ・切ってもお皿に肉汁はあふれない ・切ったときは地味め ・肉自体に、旨味と水分が残る ・食感はしっかりとしているが固さはない ⬇ **水分は「肉の中」に残っている**
B 手ごね 強火ハンバーグ	・焼く前よりもやや直径が小さくなる ・切ればお皿に肉汁があふれ出す ・切ったときのインパクト大 ・肉自体の旨味と水分は減少する ・食感は食べると口の中で崩れるほどもろい感じ ⬇ **水分は「肉ダネの中」に残っている**

そのため、手で長時間練った場合と比べると、肉ダネ自体はあまりベタつかず、白くなることはありません。またタネもやわらかくなりすぎず、しっかりした状態のままです。

この状態の肉ダネを冷たいフライパンから弱火で焼いていくことで、肉の縮みを最低限におさえ、ひき肉内部にとどまっている水分をできるだけ保持して仕上げていくわけです。

切ってみると、肉汁があふれ出すことはありませんが、食べると肉自体は非常にジューシーで、旨味がはっきり感じられる仕上がりとなります。

弱火ハンバーグは煮込んでも崩れず固くならない

僕のおすすめは「弱火」ですが、たしかに見た目のハデさはありません。切った直後の断面を見ると「あれ？　肉汁が出ない」「なんだかパサついているのでは」と感じるかもしれませんが、旨味も水分も肉の中にしっかりと残っています。

食べる方のお好みですが、僕は、せっかくの旨味や水分をお皿にあふれさせてしまってはもったいない、と思っていますから、多少見た目が地味でも水分は「肉の中」に残したいのでこうした方法をおすすめしているわけです。

煮込みハンバーグを作る場合などは当然こちらのほうが煮崩れしにくくなりますし、特に、冷めてから温め直して食べたい場合、お弁当に入れる場合は、「肉汁ドバー」の方式よりも、圧倒的にこちらのほうがいいと思います。

ぜひ一度、両方の方式のハンバーグを作り分けて、比べてみてください。すぐ食べる場合には「強火型」、お弁当には「弱火型」もいいと思います。

一番気をつけてほしいのは、**A**と**B**の「折衷案」のような方法をとらないことです。**B**の方法でものすごくしっかり手で混ぜてしまったタネを**A**のような方法で焼くと焼いているそばから肉汁がどんどん出てきて「煮る」ような状態になり、そのうち肉汁も蒸発してしまいます。逆に**A**の方法で混ぜたのに、**B**のように「強火で焼き固める」をやってしまうと、肉ダネは急激に縮んで肉の水分がフライパンの上でどんどん失われ、パサついて固いハンバーグになってしまうのです。強火で焼き色がついてから、あわてて火を弱めても、温度は下がりません。フライパンの温度は火を消さない限り下がることはないのです。そのため、熱はどんどん内部に伝わり内部の水分も失われ、しかも表面は焦げてくるはず。これ以上焼いたら焦げてしまう、と切ってみたら中はまだ生焼け、ということもあります。「もうちょっと加熱しよう」と今度は焼きかけの弱火のフライパンに水を足してフタをして蒸し焼きにしたり……。温度が上がったり、下がったりして、結局なんだかどこを目指したのかよくわからない「外が焦げて中が固い煮すぎた肉団子」的なものになるという悲劇も生まれてしまうのです。ここまでひどくなくても、多かれ少なかれ、似たようなことは誰でも経験しているのではないでしょうか。

ハンバーグを作るときには、**A**タイプ、**B**タイプ、どちらの「仕上がり」を目指すのかを最初に決め、その目的に科学的に合致した方法をとれば、「どちらも成功」なのです。

肉汁があふれるタイプのハンバーグも、結局はひき肉の脂を肉ダネ全体に回すことでなるべく火の通りをおだやかにし（脂は赤身の部分よりも火が通りにくいため）、「水を入れてフタをする」ことで、フライパンの熱をゆるやかに伝えつつしかもハンバーグ全体を蒸気も使って加熱し、表面が乾くことも防ごうとしているのです。

どちらの場合も、フライパンひとつで3～4個は作れます。

「手ごね」でも「すりこぎごね」でも、フライパンではなく、120度のオーブンでゆっくり焼くという方法もあります。ただ、長時間手でこねた肉ダネの場合は、表面を焼いてから120度という低温のオーブンに入れても、焼いている間に天板に水分が流れ出やすくなるので「弱火ハンバーグ式」のこね方をおすすめします。

ハンバーグのソースは、これもお好みですが、すでに塩味はきちんとついていますから風味づけと考えて、バルサミコをゆっくりと煮詰めたものにバターを加えてのばしたものを少量かけるていどでじゅうぶんです。それもめんどうならば、おろしポン酢とか、市販のウスターソースとケチャップを混ぜたものなど、ご家庭で工夫してみてはいかがでしょう。もっと本格的に作りたい場合は、ブラウンルーなどを使ったソースなどを使ってください。

フライパンに残った肉汁や焦げ付きもこそげとってソースに使う、という方法はよく紹介されるのですが、最初に出てくる脂などをじゅうぶん拭き取らずに焼いた場合、フライパンに残った肉汁には脂もアクも含まれ、それを煮詰めて使うという方法はあまりおすすめしません。焦げ付きがある場合には、そのまま使うとソースに苦味が出ます。

非常識と驚かれた「弱火で野菜炒め」の科学的な根拠

ゆっくりと火を通す、という調理法は肉に限りません。野菜でも同様です。野菜の加熱調理といえばまずは野菜炒めですが、これは「強火で手早く歯ごたえを残して仕上げる」のが鉄則と言われてきました。けれど、これは中華料理のプロが中華鍋を使って作る場合の手法です。中華鍋については後述しますが、中華料理は単純な強火調理、高温調理ではありません。炎が高く上がる強い火力を持つコンロと、独特な形状の中華鍋、さらにその鍋をあやつって振り食材をあおる腕力と技術があって初めて「強火で高速」が実現できるのです。

家庭のコンロ、普通のフライパンで一般の方が野菜炒めを作るのであれば、肉と同様、弱火での調理をすすめます。

この方法を最初にご紹介したときは、かなり非常識に見えたようですが、まったく理屈に反するものではありません。

最初に手順をご紹介します。一番単純な塩だけの味つけの例です（しょう油も加えたい場合は塩の量を減らしてください）。

レシピ 冷めても、温め直しても水っぽくならない弱火野菜炒め

材料

●ニンジン、もやし、キャベツ、ピーマンなど好みの野菜……400g
●塩……2g ●しょう油……1g ●酒……8g ●サラダオイル……10g
●ごま油……5g

作り方

①大きさをそろえてすべて細切りにする。
②切った野菜をすべて冷たいフライパンに山盛りに入れる。
③野菜全体にサラダオイルをかけて混ぜる。

④フライパンを弱火にかけて加熱を始める。
⑤ときどき菜ばしで野菜の上下を入れ替えながら、弱火のまま約8分加熱する（入れ替えるのは数回でじゅうぶん）。
⑥塩と酒を加えて弱火のまま2分程度加熱し、最後に火を中火に上げてからしょう油、ごま油を加え、約20秒炒めて完成。

加熱する時間はフライパンいっぱいの野菜で、だいたい8～10分ほどでしょう。食べてみて一番固いものが好みの食感になった段階で火を止めてください。ゆっくり加熱すれば、もやしとニンジンを同時に入れても、ニンジンにほどよく火が通るころになっても、もやしやキャベツが焦げたりヘナヘナになったりはしません。どうしてもニンジンをよりやわらかくしたい場合は、あらかじめ下ゆでしておいてもいいでしょう。

このレシピの肝は「冷たいフライパンに切った野菜を全部入れてしまう」「最初から最後までほぼ弱火」という点です。

こんな作り方をして、野菜がベチャベチャにならないのか、と思うでしょうが、ぜんぜんなりませんので、一度ウソだと思ってお試しください。

野菜、つまり植物も、肉と同じように細胞からできています。そして細胞は細胞壁で覆われてその中の液胞中に水分が保持されている。

水分をできるだけ外に出さずに仕上げる調理法として、もっとも「有効」なのは、生で食べることなのですが、炒めて食べたいという場合に「どこを目指すか」が問題になります。加熱すれば、どうやっても肉も野菜も細胞が50度前後で変性を始め、水分は失われていきます。肉と野菜で違うのは、肉の場合は筋肉部分が固くなるのですが、筋肉を持たない植物の場合は水分を失うと、ほとんど形がなくなってしまうということです。塩をふると浸透圧でみるみる野菜の水分が外に出てきて本体はヘナヘナにやわらかくなります。野菜を加熱する場合も同じように水分が失われ、それにともなってやわらかくなり、崩れていく。これが「歯ごたえがなくなっていく」ということです。

家庭での野菜炒めのよくある失敗は「ニンジンに火が通るころに、もやしが焦げる」「キャベツがフライパンに張り付いて焦げる」「手早く作ったつもりでもシャキッとした歯ごたえが残らない」「手早く作りすぎて全体に生っぽい」「全体的にべちゃっとする」

などです。

冷たいフライパンからの弱火加熱だと、たしかに強火よりもずっと時間はかかります。けれど、これらの失敗はほぼ避けることができます。

時間がかかるのが欠点と思うでしょうが、弱火で放置しておくだけなので、つきっきりでフライパンに目を光らせている必要がないため、その間にほかに1品作る、洗い物をしてしまう、というマルチタスクが簡単にできますから、その意味では「時短」になるとも言えます。

中華店の野菜炒めと家庭の弱火野菜炒めはここが違う

腕力のない人が中華鍋をコンロに置いたままで炒め物をすると、非常に焦げやすくなります。「強火では焦げてしまうから」と、中途半端な中火で時間をかけて炒め続けていると、どんどん野菜の水分が出て、べちゃっとした野菜炒めになってしまいます。

野菜の歯ごたえをなるべく残して加熱する方法として考えられるのはふたつだけ。高温を使い短時間で仕上げるか、低温で長時間かけて仕上げるかの、どちらかです。

前者は中華料理店の野菜炒め、後者は今おすすめした方法です。

仕上がりの食感には違いがあり、前者は歯ごたえがより強く、後者は歯ごたえの点ではやや劣ります。しかし、野菜の旨味は後者のほうがより感じられます。

これは「どちらが優れているか」というよりも、好みの差ということになるでしょう。

ただしここでいう強火の野菜炒めは、プロが中華鍋をあおりながら作った場合を想定しています。当然ですが正しい方法で作れば、強火でも弱火でもおいしく作れるということ。


では同じフライパンで、火加減だけを変えて比較してみましょう。

同じ材料、同じフライパンを使って「弱火野菜炒め」と「強火野菜炒め」を作ってみました。強火野菜炒めのほうは、この本の担当編集者の女性に「いつも家でやっているように作ってください」と頼んで作ってもらったものです。

実験3 ― 強火野菜炒めと弱火野菜炒めの比較

A 油をひいて熱したフライパンに野菜を入れ、強火でなるべく短時間で炒めた場合
B 冷たいフライパンに野菜を入れて油を回しかけ、弱火で炒めたもの

できあがり直後と、30分後に比較した写真は口絵6ページを参照してください。


かなりの違いがはっきりと見た目にもわかります。

まず、強火炒めのほうは、明らかに「かさ」が減っています。つまりかなりの水分が出てしまっているようで、完成直後からすでにお皿の底に水分がたまっていました。

もうひとつ目立ったのは、野菜の色です。今回はキャベツを入れたのですが、葉の緑色はすっかり失われています。また、フライパンに張り付いてしまったキャベツはやはりあちこち焦げてしまっていました。

歯ごたえについては、キャベツの固い部分は「ガリッ」という食感が残る（ちょっと

残りすぎ）のですが、もやしは炒める前よりずいぶん細くなってしまいました。

さらに30分ほどそのまま置いておくと、水分がさらに出てきてかなりベチャベチャになってしまいます。

弱火炒めのほうは、ニンジンやキャベツの固い部分には歯ごたえが残っているものの、キャベツの葉は炒める前よりも緑が鮮やかになり焦げている部分は見あたりません。30分おいても、ほとんどお皿に水分は出てきませんでした。

食べ比べてみると、できあがり直後は強火炒めのほうも、「まずい」というほどではないのですが、やはり水っぽく、野菜の味よりも焦げた味を感じます。

時間をおいてからの違いのほうが歴然としており、弱火炒めは水が出てこないので前日に作ってお弁当に入れてもまったく問題がありません。温め直しにも非常に向いている作り方だといえます。

また水分流出が少ないということは栄養素も保持しやすいということでもあり、さらに食材周辺に流失する水分が少ないため雑菌が繁殖しにくく、冷蔵庫保存にも向いています。

オーブン加熱の法則 ROAST

めんどうくさがり、忙しい人こそオーブンを使いなさい

オーブンは多くの家庭に普及しています。特に「電子レンジにオーブン機能もついているオーブンレンジ」をお持ちの方が多いでしょう。「電子レンジ機能のついていない単機能オーブン」のほうが少数派になりつつあるようです。日本の住環境を考えると、オーブン、電子レンジ、さらにオーブントースターというかなり大きな家電をキッチンに並べるのは無理という方も多いせいでしょう。

結果として、オーブンレンジは持っているけれど、もっぱら使うのは電子レンジ機能だけ、というケースも多いようです。「うちの電子レンジにオーブン機能がついていることを知らなかった」という方もいます。

さて、この「オーブン」ですが、使ってみるととても便利で、しかも食いしん坊な人はもちろん、料理が苦手な人、めんどうくさがりの人にとっては非常に使い勝手がいい

ものなのです。

ただ近年のオーブンレンジは実に多機能化しており、買ってくるととりあえず「電子レンジの使い方」だけおぼえて、あとは「そのうち」「まあいいや」になったままという方も多いようです。

もったいない！　オーブンはめんどうくさがり屋の食いしん坊や、忙しい人たちのとても強い味方なのです。

オーブン料理というと、料理が上手な人が作るもの、時間がかかる料理が多い、というイメージが強いのですが、基本的には「オーブンまかせでほったらかしでＯＫ」ということがほとんどなので、時間がかかるといってもその間、ずっとつきっきりになる必要はまったくなく、しかも火をつけっぱなしにして火事になる、という心配もまずありません。オーブンに働いてもらっている間は、ほかのことができるのですから、そういう点ではフライパンを使うよりもずっとラクで、しかも安全とも言えます。

これから買うという方には、できれば庫内の温度が安定するコンベクションオーブンをおすすめします。これは庫内で熱風を対流させる機能がついたもので、部分的に焦げる可能性が低い、焼きムラができにくいという効果があるものです。とはいえ、この機能がついていなくてもまったく通常の調理には問題ありませんから、もしご自宅にオーブンレンジがあれば、ぜひオーブン機能を生かして使ってみてください。

手始めにオーブンでステーキを焼いてみよう

まず、オーブンを使ったミディアムレアのステーキを最初にご紹介してみます。オーブンだからといって、いきなり「かたまり肉」を買ってくる必要はありません。フライパンでも真空調理でも焼けるステーキですが、比較する意味でもぜひやってみてください。まずは1枚から焼いてみては？　もちろん2枚でも3枚でも焼き時間は変わりません。

レシピ　オーブンで焼くミディアムレアのフィレステーキ

材料

●牛フィレ肉……200〜250g
●塩……肉の重量の0・8％
●コショウ……お好み●サラダオイル……10〜15g

作り方

①オーブンを130度に予熱する。
②冷蔵庫から出した肉の重さを正確に量っておく。
③肉の表面全体にサラダオイルを薄く手のひらで塗る。
④足つきの網の上に肉をのせ、肉が直接天板に触れないようにして、オーブンに入れる。
⑤約10分で肉の表面全体が灰色っぽく変わってきたら、肉を反転し、さらに5分ほど

焼く。この段階で肉の重さを量り、焼く前の97％前後になっている段階がミディアムレアの目安。
⑥フライパンを強火にかけて熱々になるまで熱しておく。
⑦取り出した肉全体に、３分の２の量の塩をふり、強火で薄く煙が出るまで熱したフライパンで両面を30～40秒ずつ焼いて焼き色をつける（重さは93～95％となる）。
⑧ここで、もう一度焼き網にのせ、ボウルなどをかぶせて４～５分肉を休ませる。肉全体をアルミホイルで包んでもよい。
⑨肉を切り分け、切り口に残りの塩をふって、コショウは好みでふって完成。

肉の重さが焼く前の93％になったときがジューシーで一番おいしい

これが、オーブンを使う場合のおすすめ方法です。

肉の焼き上がりの目安は、ほかにも見分け方がありますが（口絵３ページのポークソテーを参照）、３センチ以上あるような極厚の肉やかたまり肉になるとこの方法は使えません。こうした場合は、焼く前の重さと焼いたあとの重さを量る方法が一番確実です。

どんなにゆっくり低い温度で焼いても、肉内部の水分流出、蒸発を100%押さえることはできませんが、流出の非常に少ない状態がレア、あるていど流出したものがウェルダンです。ミディアムレアはオーブンとフライパンの加熱で肉の水分が7%分失われ、重さが焼く前の93%になった状態です。一度、この時間で焼いてみて、あとはお好みでオーブンから出すタイミングだけ変えてください。高温のフライパンでの焼き色をつける仕上げ方はまった同じです。

焼き上がり後のステーキ肉の重さ

焼き方	肉の重さ
ミディアムレア	焼く前の93〜95％前後
ミディアム	焼く前の87〜90％前後
ウェルダン	焼く前の80〜83％前後

オーブン壁面からの輻射熱、天板の伝導熱が「焼きすぎ」の原因

さて、この方法の中でいくつか、ポイントをくわしく説明します。まず「なぜ足つき

の焼き網にのせたのか」という点、そして「なぜ油をうっすらと表面に塗ったか」という点です。

お察しの通り、どちらも「火の通りをゆっくりにするため」なのですが、それなら温度をもっと下げればいいのでは？　と思う方もいると思います。ところが、それがちょっと違うのです。

まず、焼き網にのせることをおすすめするのは、天板からの熱が直接伝わるのを防ぐためです。

オーブンというのは、熱した空気で食材を加熱してローストする調理器具です。熱い空気を強制的にファンなどで対流させることで加熱ムラ、焼きムラを防ぐのがコンベクションオーブン、熱風の中に水分を送り込み水蒸気を利用して食材の表面が乾くことを防ぐのがスチームオーブン、ということになります。なお対流熱は、空気だけではなく、水や油などの流体が対流するときにも起きます。ゆでる、揚げる、という調理も対流熱を利用したものということです。

オーブンに入れた食材には、この対流熱が加わっていくことになるのですが、見落としがちで、もっとも失敗の原因になりやすい、別の熱がふたつ加わります。それが、伝導熱と輻射熱です。

まず伝導熱ですが、これは食材をのせる天板（金属のトレイ）から直接食材に伝わる熱のこと。フライパンのようにコンロにのせて下から加熱するわけではなくても、オーブンの温度が上がれば天板も熱くなりますから、そこに直接肉を置けば、天板と接する部分は熱が非常に伝わりやすくなります。１００度の空気と、１００度の金属トレイでは、熱の伝わり方はずっとトレイのほうが早くなるのです。

その結果、天板に直接肉を置いて焼くと、天板からの熱伝導によって、予想以上の速度で肉の内部にまで熱が伝わっていくことになります。つまり、肉が固くなるということ。

足がついた網を使ったのは、肉が直接天板に触れないようにして、肉の下部からの熱もゆるやかに均一に中心に通していくためです。

足つき網にのせただけで豚肉のやわらかさがまったく違う

どのていどの差が出るのか、実際に試してみます。

用意したのは1枚100gの豚ロース肉を2枚です。実験用のオーブンは130度に予熱しておきました。これをふた通りの方法で焼いてみましょう。

実験4 「網のせ」と「直置き」のローストポークを比較する

A　オーブンを130度に予熱し、足つきの網にのせた豚肉を天板にのせて焼く
B　オーブンを130度に予熱し、豚肉を天板に直接のせて焼く。
※A、B　は同じオーブンで同時に焼く

焼く前に、生の肉の片側をトングで持ってみてください。当然ながら、ぐにゃりと曲がって反対側は重力にしたがって、垂れ下がるようになります。

さて、1枚の肉はそのまま直接天板にのせ、もう1枚は天板の上に足つきの網を置いてその上にのせ、どちらもそのまま130度のオーブンに入れて約20分焼いてみます。見た目はほとんど違いが出ません。

2枚の肉を、それぞれトングで持ち上げて比べてみましょう。天板にじかに置いて加熱した肉は、それほど曲がりません。いっぽう足つきの網に乗せたものは、かなり折れ曲がります(口絵7ページの写真参照)。曲がりが少ないということは、内部の水分が多めに抜けて固くなっているということ。切ってみると、どちらも中まで火が通っていますが、網にのせたほうはうっすらロゼ色が残る仕上がりです。食べるとその違いはもっとはっきりします。網にのせて焼いた肉は非常にジューシーで、それに比較するとじかに置いた肉はやや固めで多少パサつきます。

同じ温度で同じ時間焼いても、置き方によってこれだけの差が出るのです。天板に直接置いて焼いた場合に固くなるのは、天板からの伝導熱の伝わり方が、対流による熱の伝わり方よりも早いためで、その影響がはっきり現れたということになります。

足つきの網にのせて、肉を熱い空気の中に浮かせるような状態にすることで、より温度はゆっくりと均一に伝わり、水分が流出して固くなることを防いでいるのです。

どちらの方法でもおいしくいただけますが、よりジューシーに、よりやわらかく食べたいのならば、足つき網にのせて焼いてみてください。

オーブンの加熱には、さらにもうひとつの「熱」があります。それがオーブン壁面からの輻射熱です。

輻射熱とは、食材に直接触れていない熱源からの熱が伝わってくるもの。ストーブや火鉢に手をかざすと温かいのも輻射熱があるからで、囲炉裏で火の周囲に串で刺した魚を並べて焼く場合もこの輻射熱を利用しています。

オーブンの庫内でも、これと同じ現象が起きており、熱くなった庫内壁面（天井、左右の壁）からの熱がこれにあたります。壁面からの輻射熱はかなり低い温度帯であっても食材に影響を与えるもので、特に庫内が狭い家庭用のオーブンだと、その影響がかなり強く現れます。

同じ庫内に入れても、壁に近い部分には熱がより早く伝わるのです。

これを想定しておかないと、肉などの食材内部に予想以上に火が通ってしまったり、表面が焦げたりする原因にもなります。焦げそうになった場合は温度を下げたり、加熱をストップしたり、またはアルミホイルで表面を覆うといった工夫をすればいいのですが、最初からこうした輻射熱を考慮に入れておくほうが、手間がかからず、失敗リスクも下がりおいしくジューシーに焼き上がります。

強すぎる熱から「油」を使って食材を守る

肉を焼くときに、ビーフステーキでもローストポークでも鶏の丸焼きでも、僕は必ずオーブンで焼く前に肉にサラダオイルを薄く塗っておくことをおすすめしますが、これは輻射熱による熱の伝わり方を少しでもおさえるためです。

油というのは、水よりも温度を伝えにくい性質を持っています。つまり油によって、肉の内部に温度が急激に伝わるのを防ぐことができるということ。

フライパンで肉を焼くときに「皮目を下にする」「脂身を下にする」ことがすすめられるのは、皮に焼き目をつけたり、皮周辺に多い脂を落とすため、といった目的もありますが、一番の理由は、鉄板からの熱の伝わり方をやわらげるためです。

フランス料理ではかたまり肉を焼くときに、全体を網脂（クレピーヌ）で覆うことがあります。網脂とは、牛や豚の内臓周辺についている脂で、ネットのような網状になっていて、広げて使うことができます。この脂で食材を包んで焼いた料理をクレピネットと言います。脂の旨味をプラスする効果もありますが、脂で肉全体を覆うことで火の通りをゆっくりにして、パサつかずしっとりとした仕上がりを目指すことが大きな目的です。

網脂は家庭では手に入りにくいので、僕はその代わりとしてキッチンペーパーをおすすめしています。たとえばオーブンでローストチキンを焼く場合などには、たっぷりのサラダオイルにキッチンペーパー（破れにくいもの）を数枚浸し、オイルがしたたるほどになったら、それで鶏を覆ってしまうのです。

こうすることによって、オーブン庫内の壁面からの輻射熱を和らげ、急激に火が入ることによって部分的に乾燥したり、焦げたりすることが防げます。

鶏の丸焼きのように食材が大きく、壁面との距離が近くなる場合には非常に有効です。ロース肉やバラ肉のかたまりのように、片側に厚い脂身がついているものは、オーブンの場合でも足つき焼き網にのせず、天板に直接置いてもあまり問題はありません。脂身を下にして置けば、脂身が天板からの熱をやわらげてくれるからです。

ただ、僕のレシピは、どんな肉でも120〜130度前後の低温で焼くので、焼き上がりにほとんど「焼き色」はつきません。表面がほとんど真っ白いまま火が通ったローストチキンになりますから、最後に油を入れて熱したフライパンで全体に焼き目をしっかりつけて完成となります。やっぱりローストチキンは「焼き目」あっての料理ですからね。この部分だけ、油が跳ねやすいので気をつけてください。大きなトングなどを使うといいでしょう。

もちろん、もっと高い温度でもローストチキンは焼けますが、この方法ならば、時間はかかっても失敗なく確実においしく作れます。

「ロースト120度の法則」さえ知っておけばオーブン料理は自由自在

ご家庭のオーブンで肉を焼く際にもっとも失敗なくおいしく焼ける温度として、僕は「120度」をおすすめしています。

しっかりと予熱した120度のオーブンならば、ローストビーフ、ローストポーク、ローストチキンなど、どんな肉であっても、必ず失敗なく焼き上がりますので、ぜひおためしください。

160度でも180度でもローストは作れますが、ご家庭の小さいオーブンではどうしても輻射熱が強すぎて表面が焦げたり中がぱさつきがちで、途中でアルミホイルをかぶせたり温度を下げるという手間や工夫が必要になります。しかし120度あれば途中の温度調節も不要で、パサつきリスクも焦げリスクもありません。

実際には100度でも焼けますが、ほとんどの家庭用オーブンは最低温度が100～110度なので、少し温度を下げたいというときに対応ができなくなります。

そうしたことを考慮した末、おすすめしているのが「ロースト120度の法則」です。

焼き上がりの目安は下の表を参考にしてください。ただし、ここまで説明したとおり、脂身が多めの肉は火の通りがゆっくりで、赤身はやや早い、といった食材による差もあり、オーブン庫内の広さなどによっても輻射熱の強さは変わります。どんな食材、どんなオーブンでもこれが100%確実とは言い切れないので、あくまで目安としてください。

時間は目安にとどめ、肉の重さのほうを基準にしましょう。かたまり肉のローストビーフも、丸ごと1羽のローストチキンも、オーブンから肉を取り出すタイミングは「肉の重さが焼く前の90～93%になったとき＝中までほぼ火が通ったとき」です。取り出してから熱々のフライパンで表面にしっかりと焼き色をつけ、重さが85%前後になればベスト（仕上がりが80%になるとウェルダン、75%以下になってしまうとパサパサになります）。

120度のオーブンで肉を焼く場合の目安

肉の重さ	焼き時間
200g	20分焼いて反転し、さらに15分
400g	30分焼いて反転し、さらに25分
600g	40分焼いて反転し、さらに35分
1000g	60分焼いて反転し、さらに55分

同じ重さの肉を複数同時に焼いても基本的な所要時間は変わりませんが、食材が多いと庫内の温度が下がることもあり、若干時間がかかります。

1　120度で焼き、90〜93％前後の重さになったらオーブンから出すこと

2　正確に食材の重さの0・8％の塩をふること

3　最後に熱々のフライパンでしっかり焼き目をつけること

この3つを忘れなければ、まずロースト料理で失敗することはありません。

なお、84ページで紹介したミディアムレアステーキはのオーブン温度は130度ですが、ステーキ用の肉はロースト用より小さく、輻射熱の影響も小さいので、焼き時間を短くするため温度を10度高くしています。もちろん120度で焼いてもかまいません。

オーブンの「表示温度」を信用しすぎると痛い目にあう

もうひとつ注意していただきたいのは、オーブンの「表示温度」を信用しすぎないこと。オーブンによりますが、庫内が本当に設定した温度になっているかどうかというとこれがそうでもないのです。ぜひオーブンメーターを買って、食材といっしょに庫内に入れ、実際の温度を測りながら焼いてみてください。

また、焼きムラの「クセ」のようなものも知っておくと、「うちのオーブンは奥のほうが焦げやすい」といったこともわかります。もっともおすすめなのは、一度、小麦粉などを水で溶いたものを、天板全面に流し入れて、焼いてみることです。これを試すと均一に焼けているか、どこが高温になっているのかがひと目でわかります。わかっていれば、少し食材が焦げすぎるようなら、アルミホイルで覆うより食材の位置を移動するだけでよい、という判断もできます。

また予熱は、「予熱終了」の電子音が鳴ったあとも最低20分くらいは続けてください。壁面などオーブン全体を時間をかけてあらかじめしっかり温めておくと、調理中にオーブンのフタを開けても、下がった温度のリカバリーが早くなり、安定した温度で食材が加熱できます。

肉は表面はしっかり加熱し、中心部は火が入るまで加熱する

ソテー、ローストとも、肉の料理をいくつか紹介しましたが、肉の焼き上がりで「安全」とされる温度について書いておきます。

牛肉は生でも安全、豚は寄生虫がいるからよく加熱を、と言われることがよくありますが、これは現実的にはほとんど違いがありません。衛生管理が行き届いていれば、牛も豚も安全性は同じです。

豚の寄生虫も日本で流通している肉にはほぼいない、とされています。

肉による食中毒を防止するためにじゅうぶんに中まで加熱したほうがいいと言われていますが、加熱ですべての病原菌を死滅させるのは困難です。O157は75度で1分加熱すると死滅しますが、ノロウィルスなどは90度で1分半以上加熱しても死なないこと

があり、ボツリヌス菌は１００度でも死にません。これをすべての調理に適用すると、すべて中までパサパサの肉料理ばかりになってしまいます。

僕たちシェフは昔から「何度で何分加熱すればいい」というよりも、「中心まで火が通っていればよい」と判断してきました。温度としては中心部が63度前後だと思います。

もちろん僕は肉の生食は基本的に避けるべきだと考えますし、菌は肉の内部ではなく表面近くに繁殖しやすくなりますから、どんなケースであっても表面はしっかり加熱すべきです。

中心部を加熱することだけを重視して、豚は中心まで全部灰色になるまで加熱しなくてはならない、と思ったらおいしいローストポークは諦めたほうがいいということになってしまいます。

むしろキッチンや調理器具を清潔に洗って乾かし、手をちゃんと洗ってから食材に触れることを徹底したほうが、食中毒のリスクは確実に下がります。

もうひとつ、注意してほしいのは最近はやりのジビエです。きちんとした店で買うぶんには問題ありませんが、たとえば地方に住む知り合いが地元の猟師さんが仕留めたから、と送ってくれた肉は、レアに近いような状態で食べるべきではありません。猟師さんは撃つのはプロでも、必ずしも食品管理の専門家ではありませんから、「新鮮なら安全」というのは間違いです。むしろ新鮮だからこそ、それこそ寄生虫や病原菌も元気で生きているという可能性もあるのです。

グリル加熱の法則　GRILL

「強火の遠火」の炭火焼きは理にかなった調理法

グリル加熱とは、オーブンによるロースト、フライパンなどの鉄板によるソテーとはまったく違うものです。

グリル加熱は、強い熱源からの輻射熱を主に利用する調理法です。

さきほど書いた通りオーブン庫内の壁面からも輻射熱は発生していますが、オーブン加熱でメインになるのは対流熱。グリル料理も庫内の対流熱は使いますが、主に輻射熱で焼いていく方法です。遠赤外線と言われるものも輻射熱のひとつと考えてください。

熱源に炭を使う炭火焼きはグリル料理の代表格。囲炉裏などの炭火から少し離したところに直接肉や魚をかざして焼く「直火焼き」で、薪などを使うバーベキューも同様です。肉の大きなかたまりに串を通し、熱源から少し離したところでぐるぐる回して焼くような調理法は世界中にありますが、これも典型的なグリル加熱です。

食材にゆっくりと火を通し、内部の水分を保持してふっくら焼き上げるという目的のためには、非常に理にかなった焼き方と言えます。オーブンやフライパンなどがなかった大昔、人間が考え出した実に素朴で、しかも合理的な「おいしい加熱法」と言えるでしょう。しかも直火焼きだと、熱源との距離を焼きながら変えることで、表面の焦げ具合を調節することもできます。じゅうぶん火が通ったら、最後は火に近づけて焦げ目をつける、といったことも自由自在。しかも寒い場所で囲炉裏の火にあたりながら人間も温まりつつ、肉や魚が焼き上がるのを見守ることができるのです。すばらしい調理法だと思います。

炭火焼きの魚がおいしいと言われるのは、炭から発せられる遠赤外線の効果があるから。薪の火からもガスの火からも遠赤外線は発生するのですが、炭火やセラミックなどを熱すると遠赤外線の発生量はずっと多くなります。遠赤外線というのは「熱」ではなく「電磁波」です。しかし遠赤外線は食材の表面に吸収されると熱に変わります。そして食材の水分を媒介として内部に熱を伝えることができるのです。つまり強い熱ではないにもかかわらず表面全体が一気にあたためられるため、内部の熱が逃げにくく、中がふっくら焼き上がるというわけです。

魚焼きグリルなどで表面が焦げてしまうのは、庫内の対流熱の温度が高すぎたり、さらにその熱によって庫内壁面温度が高温になることで発生する輻射熱が強くなりすぎるためです。

焼き鳥屋さん、うなぎ屋さんが、炭火をうちわであおぐのは、うちわの風を送ることによって炭の遠赤外線を強くし、同時に対流熱をうまく逃がすように調整するためです。それによって、表面が黒焦げにならないようにしているということ。バーベキューの肉がときどきキャンプ場で炎上していますが、あれは対流熱を外に逃がしていないために、表面が高温になりすぎてしまったためです。

炭を使った場合は焙煎香と呼ばれる香ばしい匂いが食材に移り、それも大きな魅力のひとつでしょう。

これに近い焼き方ができるよう工夫されている調理器具が、プロ用の「サラマンダー」など。強い上火だけを使って焼き上げるもので、網は上下に動き、火からの距離を調節して使います。

家庭の魚焼きグリルならサンマは弱火で焼きなさい

ではご家庭の「魚焼きグリル」はどうでしょうか。グリルと名がついてはいるのですが、本来の「強火の遠火」という点では、半分しかグリル調理の条件を満たしていません。

たしかに「強火」にはなるのですが、まったく「遠火」ではありません。食材と熱源の距離は非常に近くなっています。

しかも非常に狭い庫内が密閉されるため、庫内温度が短時間で高温になり、食材への熱の伝わり方が「強火の遠火」とはまったく違ってきます。

魚焼きグリルを強火にしたまま肉や魚を焼いたら、それこそあっという間に表面が黒焦げになってしまいます。食材を近距離で取り囲んでいる壁面からの輻射熱がガンガン食材にあたるのですから当然です。しかもうなぎ屋さんのように、うちわであおぎ熱を逃がすわけにもいきません。

魚焼きグリルの強火で焼けば、魚はすぐに焦げてしまいます。脂がのった立派なサンマを焼くときなどは、皮が焦げてしまう上、脂に火がついてしまうこともあります。そこで網の下には水を入れて使用するように、と説明書には書いてあるわけです。

解決法は、実に簡単。

単に、弱火で焼けばよいのです。サンマの塩焼きというと、屋外の七輪などで炭火焼きにして、煙がもうもうと立ち上り、ジュウジュウと脂がしたたり落ち、ときには炎が上がる、という様子が目に浮かびます。表面がけっこうな黒焦げになっていようが、たしかに「おいしい！」と感じるものです。

ただし、正直なところ、この「おいしい！」は「雰囲気がおいしい」という部分のほうが大きいとも言えます。人間の味覚は「脳」で感じるものですから、視覚や聴覚、記憶などからも影響を受けるからです。

もちろん遠火でじっくり焼き上げた魚は掛け値なしにおいしいものですが、最初からすごい強火で、ガンガン熱してしまった魚は、当然どんどん水分も失われ、脂も外に溶け流れ出し、表面は焦げます。多くの場合、サンマの身はパサパサになっていることが多いのです。いくら炭を使ったところで、近火で焼けば魚は水分ゼロの炭になってしまいます。

煙も出ない、脂も落ちない、究極のサンマの塩焼き

家庭の調理器具でサンマを焼こうとする場合に一番いいのは、魚焼きグリルを弱火にしてじっくりと焼くことです。塩をふったらすぐ焼きます。塩をふって少し時間をおいただけでも浸透圧で水分が出てしまうからです。新鮮な魚なら、別に「塩で臭み抜き」

などする必要はありませんし、臭みが気になるほどの魚だったら、塩をふって数分おいてどでは臭み抜きの効果もほとんどありません。

予熱する必要もありません。また、トレイに水を入れる必要もありません。

冷たい魚焼きグリルの網の上に塩をふったサンマをのせて、弱火で点火してそのまま焼けばいいのです。グリルの扉は開けたままでかまいません。むしろ閉めてしまうと温度が高くなりすぎることが多いので、弱火で扉を開けたままのほうが身が固くならずに仕上がります。僕は教室のグリルのフタは取り外してしまいました。常に開けっ放しで使っているということです。

中火～強火で焼くよりも、たしかに時間はかかりますが、弱火でじっくりと焼くと、脂と水分が内部にとどまっているため、グリルの火が脂に移って炎が上がることもなく、煙も出ません。それでいて、焼き目はこんがりときれいにつきます。

サンマなど青背の魚の脂には、DHAやEPAといった体によい成分が含まれていることはみなさんもご存じの通りです。せっかくの栄養成分、旨味を強火でグリルの天板に落として、「脂を落としたほうがヘルシー」というのは、ちょっと矛盾していませんか？

たしかに脂を落とせば総カロリーは減るかもしれませんが、どうせ食べるならば栄養素も旨味もいただきたいものです。

弱火で焼けば切り身も干物もビックリするおいしさになる

サケの切り身も、アジの干物も同様にして焼いてみてください。普段は「中火」という方も、ぜひグリルを弱火にしてみてください。はるかにふっくらとジューシーに仕上がること確実です。

特にお弁当のおかずとして大活躍するサケの切り身の塩焼きも、前の晩でけっこうですから、弱火でじっくり焼いたものを使ってみましょう。冷めても固くならずにしっとりおいしく食べられます。温め直しても生臭さが出ずおいしく食べられます。

切り身の魚や干物などは、フライパンで焼いても問題はありませんが、その場合は、やはり冷たいフライパンに入れてから弱火で焼き、肉と同じようにゆっくりと火を通すようにしてください。焦げ目をつけることを優先すると、魚は肉以上に身がやわらかいので水分がどんどん失われて、本当にパサパサになってしまいます。

干物は天日干しにすることで旨味が増しますが、これはタンパク質分解酵素が活性化することでイノシン酸、グルタミン酸などの旨味成分が増加するためです。水分を飛ばして保存性を高める、旨味成分を凝縮させるという効果もありますが、同じ方法で焼き上がった生魚と干物を比べると、実はそれほど水分含有量に違いはないのです。

表面は乾いていますが、内部の水分は1～2日の陰干しの場合それほど極端に失われてしまうことはありません。弱火でゆっくりと加熱してやれば、干物の身もふっくらジューシーに焼き上がります。フライパンで焼いても同じように上手に焼けますので、ぜひやってみてください。冷たいフライパンから弱火で焼けば、魚の皮がくっついてはがれてしまうこともありません。

焼き鳥に竹串を打つ理由も「温度管理」

炭火焼きのグリルといえば焼き鳥もおなじみです。

なぜ焼き鳥屋さんが肉に串を打つかといえば、これも焼き鳥をジューシーに仕上げる効果があるからです。「食べやすいから」というだけではありません。

中心部に串を打った肉を炭火などのグリルに並べると、肉の外に出ている串の部分（食べるときに持つところ）にも、ゆるやかに熱が伝わっていきます。その熱は串を通って、肉の内部にも伝わっていきます。しかも、竹串ですから急激に熱くなりすぎることもありません。金属の串を打つと、焼き上がりは早くなりますが、肉は内部から金属の串を通してどんどん伝わり固くなってしまいます。特に小さく切った肉を焼く焼き鳥の場合はあっという間です。

竹串を打った肉を炭などの輻射熱を利用した「強火の遠火」で、何度も手早く返しながら焼けば、熱はゆっくりと、しかも効率よく肉に伝わります。焼き鳥屋さんは「手早く返す」「うちわであおいで対流熱を逃がす」ことで、熱が急激に伝わりすぎないようにしているのです。最後に少し手を止めて焦げ目をつければ焼き上がり。

当たり前のように見慣れた焼き鳥にも、「科学的においしい理由」があるのです。

これを知っていると、骨つきの肉を焼くときも応用できます。中までじっくり、しかも効率よく火を通したい場合は、骨の部分を身から露出させて焼いてみてください。串揚げ屋さんなどでも出てくる「チューリップ」という形にした鶏肉がありますが、これに近い形にすると、熱が骨を伝わって肉の内部にゆるやかに届きます。つまり骨が竹串の代わりになっているというわけです。

バーベキューで骨つきの肉を焼くときなどは、ぜひやってみてください。

なおスペアリブなどは骨がすでに露出している状態ですが、加熱する場合は、骨のある側から焼きます。鉄板にのせる場合は骨を下にして加熱してください。鉄板と骨の間にすきまがあってもだいじょうぶです。ゆっくり加熱して、骨の断面が黒くなり、骨を覆う骨膜がめくれ上がってくるまで焼くと、中まで火がじゅうぶんに通って、骨と身が簡単にはずれやすく、食べやすくなります。

魚焼きグリルで魚以外のものを焼いてみよう

魚焼きグリルの利用法として、試していただきたいのが鶏の骨つきモモ肉です。肉全体に塩をふって、弱火のグリルで皮目を上にして焼きます。もっとも確実なのは、オーブンメーターを肉といっしょに庫内に入れて、温度を140〜150度に保つことです。この火加減で25分ほど焼くと皮がパリッとして焼き色がついてきますから、反転してさらに7〜8分焼けば中まで火が通ります。

なお、熱がこもるのを防ぐためグリルの扉は開けたままで焼くことをおすすめします。皮目に少量のハチミツを薄く塗り、コショウをふり、少し火を強めて皮の側を最後に1分ほど焼けばすばらしくジューシーで皮がパリッとした骨付きモモ肉が焼き上がります。

魚焼きグリルでも、魚に限らず「小さなオーブン」と考えて使ってみてはどうでしょうか。輻射熱がオーブンより圧倒的に強いことさえ忘れなければ、なんでも上手に加熱することができますよ。

オーブントースター、オーブンレンジのグリル機能は機種によって違いが大きい

魚焼きグリルと同じように輻射熱を利用して食材を加熱する調理機器として、さらに身近なのは「オーブントースター」です。庫内が魚焼きグリルよりも広々としていて、熱源からの距離も比較的遠いので、焦げてしまうリスクは減りますが、機種によってさまざまな機能があり、ヒーターの火力も違い、温度調節つまみと実際の庫内温度にも大きな差が出る場合があります。オーブンメーターを入れて、グリルと同じようにして温度を管理すれば同じように使うことはできますが、サーモスタットが働いて電源が自動で切れてしまったりするため、管理がしにくいように思います。やはり一般的には、パンを焼く以外には、「短時間で表面に焦げ目をつける」ことを目的とした利用のほうが無難なように思います。低い温度を長く保つ目的にはあまり向かない調理機器と言えそうです。

オーブンレンジの「グリル機能」はオーブンからグリルに切り替えると、全体の火力が上がり、魚焼きグリルと似たような環境にするというものですが、こちらは、機種に

よって火力や熱源の位置ほかさまざまな違いがあるため、利用したいときは本体の説明書を読むしかありません。その上で、オーブンメーターを入れて実際に庫内がどのくらいの温度になっているのかを把握する必要があります。

オーブントースターと、オーブンレンジのグリル機能については、機種依存性が高いため、ここまでの説明にとどめておきたいと思います。

サーロインステーキは高温に熱したグリルパンで強火がおすすめ

表面が波型になった鉄板「グリルパン」をコンロにかけて使うのも、もちろんグリル加熱です。僕は脂の多いサーロインステーキ（1センチ強ていどの厚みのもの）だったら、高温のグリルパンを使い、短時間で焼き上げるのが好きです。弱火のフライパンでも、オーブンでもサーロインステーキは焼けますが、ジューシーには仕上がっても、どうしても脂っぽくなります。

サーロインではなくても、国産の高級な牛肉は脂のサシが非常に多く入っているため、脂の少ないフィレ肉以外はグリルパンで焼いてもいいと思います。ただ1センチ以上厚みのある肉には向きません。グリルパンはそもそも強火で使うことが前提の調理器具ですから、これで厚い肉を焼くと中が適切な温度になる前に、どうしても焦げてしまいます。もちろん、オーブンなどで焼いた肉の仕上げに、格子状の焼き目をつけるためだけに使う、ということは可能です。

グリルパンとフライパンの最大の違いは、表面の形状です。グリルパンは鉄製でフライパンよりも厚みがあり、肉を置く面に波型の凹凸があります。凸の部分は直接肉に触れますからフライパンと同じ熱板加熱（伝導伝熱）ですが、凹の部分、つまり肉には直接触れない部分は、鉄板の溝から発する輻射熱を利用した加熱です。グリルパンは1枚の鉄板でもふたつの熱を使っているわけです。そのため、凸部分に接したところは非常に高温になるため、焼き色、焦げ目がつきますが、凹部分には焼き色がつかず、肉の面積の半分しか、直接鉄板に触れていませんから、強い火力を使っても、肉に急激に熱が伝わりすぎることがないようにできているのです。グリルパンは強火で10分以上かけてじゅうぶんに熱してから肉をのせるのが鉄則。前述の通り、脂は低温ではなかなか溶けにくいためです。

グリルパンは、食材が密着してしまうフライパンとは熱の伝わり方がまったく違い、サーロインの脂が鉄板の凹の部分に溶け出して落ちます。これも高温で加熱するからこそ。

多少肉は縮みますが、短時間で仕上げるため、水分は抜けすぎず、脂は適度に溶け落ちるので、脂っぽくないミニッツステーキができあがります。

ただ、商品名は「グリルパン」でも、非常に薄いものがあります。この場合は波型に加工されていても、ほとんどフライパン加熱と同じ状態になりますから、強火で加熱しすぎて焼くと黒焦げになりますから要注意。

鍋の最高温は100度、圧力鍋は120度以上

シチューなどの煮込み料理は、言うまでもなく水分の中で食材を加熱する調理法です。

1気圧の場合、水の沸点（沸騰する温度）は100度ですから、どんなに加熱しても水は100度までしか上昇せず、そこからは蒸発し始めます。気圧が高くなると沸点は100度以上に上昇します。圧力鍋は2気圧以上の圧力をかけるため、沸点は120度以上。つまり、普通よりもかなり高い温度で食材に熱が入り、短時間で調理ができるという仕組みです。圧力がかかるタイプの電気炊飯器も、内部は1・2気圧ていどまで上がります。

圧力鍋は固い食材に早く火を通すことはできますが、野菜が溶けてしまったり、短時間でやわらかくはなるが味がしみていない、野菜の栄養素が壊れやすい、また肉もやわらかくはなるが旨味が煮汁のほうに逃げてしまう、ということも起きますから、使うときにはご自身の好みの食感などに合わせて利用してください。

気圧が低い場合には、沸点が100度よりも下がります。富士山の山頂でごはんを炊くと、芯が残って上手に炊けない、という話を聞いたことがあるでしょう。これは高度が上がるほど気圧が低くなるせいで4000メートル近い富士山頂の気圧はだいたい0・64気圧に下がります。沸点は約90度。つまり90度で沸騰してしまうので、ごはんを炊くと芯が残ってしまうことになります。カップ麺に沸騰したお湯を入れても、実際には90度ですから麺がじゅうぶんに戻らない、ということが起こります。

高地であっても沸点を上げたい場合は、鍋の内部に圧力をかければいいということになります。

日本の場合は、だいたいの方が平地に住んでいるため、1気圧の環境での調理が前提になっていますが、国土の大部分が高地にある国や、こうした地域に住む民族の料理や調理器具は、気圧を考慮に入れた工夫がされています。たとえば同じ米を炊く場合でも、日本よりもかなり水を多くして時間をかけたり、フタの上に重しをして煮たり、ということです。

なお、最近では、同じ圧力鍋でも「低圧鍋」というものもあります。これは通常の圧力鍋とは逆に、内部を1気圧よりも低くするもので、プロの最先端調理の流行のひとつです。これを使うと沸点が下がるため、食材の加熱温度を下げることができるのです。また、低圧になることで食材にすき間ができやすく、煮込み料理の際に味が含ませやすくなります。

鶏のササミは水からゆでて65～70度になったらストップする

さて、気圧はさておき、「水で食材をゆでる、煮る」とき、食材の中で何が起きているのでしょうか？

ゆでたり煮たりするとなれば、まずは鍋に水を入れて火にかける、というところから始まります。コンロの火は沸騰するまでは強火、煮込む時間があまり長くないときは中火ていど、長時間煮込む場合には弱火、というのが一般的な方法でしょう。

調理の過程では、まだ水のうちに食材を入れて加熱を始める場合と、沸騰してから入れる場合がありますが、水から弱火で加熱すると食材への火の通り方が遅く、ゆるやかになります。

たとえば、冷たい水に鶏のササミを入れて、ゆっくりと弱火で水の温度を上げ、65～70度で火を止めると、それだけでササミの中に火が入り、ササミの表面もパサつかずに仕上がります。沸騰したお湯にササミを入れてしまうと、すぐに表面が白くなってときにはひび割れたようになり、そこで弱火にしても中まで火が通るころには、肉全体が固くパサついてしまいます。ササミに限らず、肉をしっとりとゆでるためには冷たい水のうちに肉を入れてゆっくり加熱するのが鉄則です。厳密に言えば、最初の温度は35度ぐらいでもかまいません。つまりごくぬるいお湯ということですが、動物の生体温度よりも少し低いぐらいの温度です。動物のタンパク質は体温（肉にとっての常温）を超えた段階から少しずつ変性していくわけですが、それまでは大きな変化がないため、最初からぬるま湯でもかまわないということになります。とはいえ、わざわざぬるま湯を作る必要はありませんから水から入れてだいじょうぶです。

前述の通り肉のタンパク質は、45～50度前後から急激に変性が進み始め、水分を失って固くなっていきます。ゆでる場合でも、この温度帯をできる限り、ゆっくり通過させることによって、ジューシーにしっとりと仕上げることができるということです。

水は油よりも食材に熱を通しやすい！

ただし、注意点があります。「水（お湯）の中での調理」とは、食材が常にたくさんの水分に囲まれている状態ですが、食材の中にも、もともと水分はたくさん含まれています。食材の周囲のゆで汁（煮汁）と、食材の内部にある肉汁などは、水分同士、熱がとても伝わりやすい状態ということなのです。

100度のオーブンの中に鶏のササミを入れても表面はなかなか白っぽくなりません。100度のフライパンにのせると表面はじきに白くなりますが内部まではなかなか火が通っていきません。けれども100度の沸騰したお湯にササミを入れると、短時間で中まで火が通ってしまいます。

熱湯からゆでたいのであれば、熱湯に入れたらすぐに火を消し、そのまま余熱で火を入れるようにしてみてください。水からゆでるときよりはパサつきますが、内部はしっとりと仕上がるはずです。

ゆでる、煮るとは「水分の温度が内部に伝わりやすい」調理法です。だから、ゆっくりと固くならないように食材を煮たいときは、水の状態から弱火で加熱して、食材内部の温度上昇がなるべくゆっくりになるようにする必要があるということです。

真空調理は真空パックした食材を湯煎などの方法で（コンベクションオーブンのスチ

ームなどを利用することもある）１００度以下に保ちゆっくりと加熱する方法ですが、一見ゆでているように見えても、食材と水は触れていないため水分調理の「ゆでる」とは原理がまったく違います。熱が内部にゆっくりと通る理屈は、油の中で加熱するほうが火が通りにくいのと同じです。真空調理は、パックによって食材と水分の間を遮断し、熱の伝わり方をおだやかにしているということです。

弱火で焼いてから煮込めば、肉が「味の抜け殻」にならない

シチューなどの煮込み料理でよく聞くのは「時間がかかりすぎてめんどうくさい」「野菜と肉をいっしょに入れたら野菜が溶けてなくなった」「肉を長時間煮たらやわらかくはなったけれど味が抜けてパサパサ」「肉の味がしない」といったお悩みです。

これを一気に解決するヒントは、さきほどご説明した「ソテー」にあります。

結論から言うと「肉を長時間煮る場合は、最初に弱火でしっかり中まで焼いてから！」が正解。

こうすると、やわらかくなるまでの煮時間はかなり短くなり、野菜が煮崩れしすぎず、肉がパサパサになりません。一挙にお悩み解決となります。

さきほど書いたように、肉は温度によってタンパク質が変性していきます。固くなるのは45〜50度前後からなので「ここをゆっくり通過させる」ことが一番大事です。これは「煮る場合」もまったく同じです。

ぜひおすすめしたいのが、「最初にフライパンで肉を弱火でしっかり中まで焼いておく」という方法です。冷たいフライパンにうっすら油を塗った肉を入れて、弱めの中火で点火、そのままゆっくり火を通していきます。

特に、長時間煮込む必要があるビーフシチューなどの場合はここが重要です。肩肉でも、さらに固いスネ肉でも、煮込む前にまずフライパンでゆっくりと片面を焼いてから反転し、上からフライ返しなどで押しても肉汁がにじんでこないくらいまでしっかり焼いておきます。そのまま食べる場合ならば焼きすぎというところまで火を通してしまうのです。これは「焼き色をつけるため」ではなく「やわらかくなるまで煮込んでもパサつかないようにするため」です。

「どうせあとから煮るんだから、中まで火が通っていなくてもいいじゃん」というのは大間違い。この段階で45~50度の温度帯をゆっくり通過させておけば、あとから長く煮込んでも肉が固くなってしまったり、味が抜けてしまうことはありません。

たしかにどんな温度で煮ても、時間をかければ肉は最終的にやわらかくなるのですが、やわらかくなるというより、筋線維がバラバラに分解してしまう、という状態になってしまいます。水分も旨味もスープのほうに全部出てしまうわけで、スープのほうはおいしくなるのですが肉が「出しガラ」になってしまいます。

最初に焼いておけば、その後熱い湯の中で加熱を続けても、赤身部分は縮まず煮汁を含みやすく、80度以降にはいったん固くなったコラーゲン部分がやわらかく、トロトロになっていきます。

この方法は、特にご家庭で3~4人前ていどを作る場合に非常に有効です。プロが現場で30人前、50人前といった大量の煮込み料理を作る場合であれば、従来の作り方、つまり表面だけ焼いてから煮込むという方法でも、量が多いぶん煮汁の温度上昇は非常にゆるやかになりますから大きな失敗をすることはありません。しかし、家庭料理の分量の場合、煮汁の量はとても少量です。つまり温度の上昇が非常に急激になることが多いということ。そのリスクを考慮した上でおすすめしたいのが、「あらかじめ弱火でしっかり焼いてから煮る」という方法なのです。

豚の角煮も筑前煮も、弱火で中までしっかり火を通してから煮る

豚の角煮を作る場合にも同じことが言えます。バラ肉のかたまりを使う場合、脂身がトロトロになるころには、赤身の部分がほとんど崩れてなくなってしまう、ということもなくなります。

ただ、ブロックの豚肉に弱火で中心まで火を通すのはかなり時間がかかるため、脂身を下にして110度のオーブンに入れて45〜60分（肉の中心が50〜55度になるまで）加熱するのがおすすめです。角切りにした肉ならば、フライパンで時間をかけて中心まで火を通してもかまいません。

その後、さらにフライパンに肉がひたるほどのサラダオイルを入れて、弱い中火てい

どで、油がふつふつ、ぽこぽこする状態のまま20分加熱すると（ときどき裏返す）臭みや脂がしっかりと抜けます。

その後から、ネギ、生姜、酒などを入れた水から1時間下ゆでし、ゆで汁は捨て、あらたな鍋に酒、しょう油、砂糖、生姜を入れた水でさらに1時間煮れば、感動するほどおいしい角煮ができます。

脂身の部分、コラーゲン部分がトロトロになったときに、肉が崩れてバラバラになることもありません。

鶏肉と根菜類が入った筑前煮を作る場合でも、鶏肉は最初にしっかりと弱火で中まで焼いてからほかの材料と合わせてください。あまり焼きすぎるとその段階で早くも水分が抜けて縮んでしまいますから、チキンソテーを焼くときと同様の焼き上がりまで焼いてください。筑前煮などに入れる場合は皮がパリパリである必要はないので、最初から弱火のままじっくり火を通せばＯＫです。

ほかのレシピ本などでも、煮込む前には肉を焼くようにと書いてあることが多いのですが、だいたい「フライパンを強火で熱して油をひき、肉の両面を色が変わるまで焼く」または「表面に焼き色がつくまで」とだけ説明されています。表面だけ強火で焼く、ということは、肉を急激に縮ませるだけの効果しかありません。焼き目はたしかにつきますが、これから煮込む肉にあらかじめ焼き目をつけてもあまり意味はないでしょう。

あえていえば、アクや脂が出てくるのでそれを取り除くため、という効果はあるかもしれませんが、こうしたレシピを見ると、肉を焼いたフライパンで野菜を炒めて……などと書いてあることも。となると、アクもいっしょに炒めているわけですから「最初に強火で焼く」ことの有効性は見あたりません。

煮る前に焼くときには、冷たいフライパンから弱火～弱めの中火を目安にして、ゆっくりと時間をかけて火を通すことがもっとも重要です。最初のうちに出てくる脂や水分だけキッチンペーパーで拭き取り、そのまま食べてもいいくらいおいしそうに火が通ったら、煮始める方法をおすすめします。

「しゃぶしゃぶは脂が落ちてヘルシー」は勘違い

しゃぶしゃぶや寄せ鍋も、水分の中で食材を加熱する料理です。

しゃぶしゃぶは熱くなった湯、出しの中で薄い肉を短時間泳がせるようにしてからたれにつけて食べるわけで、よく「しゃぶしゃぶは脂が落ちてヘルシー」と言う方がいます。いっしょに野菜をたくさん食べられるという点ではヘルシーですが「脂が落ちるから」というのは間違い。さきほどご説明した通り、脂は火を通しにくく１００度ていどで溶け出すことはほとんどありません。しゃぶしゃぶの湯が沸騰していても、溶けて落ちるのは表面についていたベタつきていどです。カロリーが気になる、脂質の摂取を減らしたいという方は、しゃぶしゃぶでも、最初から脂身の少ない赤身肉を使ってください。「しゃぶしゃぶならロースでもバラでもだいじょうぶ」というのは大きな誤解です。

寄せ鍋の肉や魚は最初に「70度までで下ゆで」するとアクが全部とれる

一時大流行した「50度洗い」にも触れておきます。これは「50度のお湯で洗うと、しなびた野菜もパリッとする」「日持ちがよくなる」というものです。

50度というのは、植物にとっていわば「仮死状態」になるような温度で、これ以上温度が上がると死んでしまう＝壊れてしまうという状態です。それを防ぐために、野菜の細胞壁は固くなって身を守ろうとします。これが「シャキッとする」ことの大きな理由です。

これを利用したのが「具だくさんカレー」のレトルトと言われています。それまでの方法だとどうしても野菜が煮崩れしたのですが、50〜60度の温度にしばらくさらしておくと、その後殺菌温度、加熱温度に上げても煮崩れがしにくくなる。それで、「野菜ごろごろカレー」といったレトルト食品がたくさん発売されたのです。

室温からダラダラ加熱しつづけて煮込んでしまうと、ドロドロに溶けてしまうのです。

新鮮な野菜を買ってきて、ぜんぶ50度洗いをしてから保存する、という人はいないと思いますが、もしやってみるのであれば、必ずしも50度である必要はありません。40〜45度ていどのお湯に数分つけ置けば、この段階で細胞壁は固くなり食感がパリッとします。

実は似たようなことを、寄せ鍋などの下ごしらえのときも行います。これは食感をパリッとさせるためではなく、肉や野菜のアクを抜くためです。

肉や魚の細胞が「生きた状態」でいられるのは最高温でも40度前後。そこから50度までのあいだに急激に細胞の変性が進み、ここで水分が失われる、固くなる、と書きましたが、同時にここで「臭みが外に出る、アクが出る」といったことも起こります。沸騰しないとアクが出ない、ということはありません。この温度帯をうまく使えば、50度ていどで魚や肉のアクは9割がた出てしまいます。肉、魚の身を縮めないようにゆっくりこの温度帯を通過させると、固くならずに、かつ縮みを最小限におさえることができます。そのため、その後加熱が進み、タンパク質の凝集が起きる際にすき間が大きく残り、肉や魚の水分が保持され、しかも煮汁が拡散しやすく、味がしみ込みやすくなるのです。

まず鍋に水を入れて鶏肉や肉団子、エビなどを入れてごくゆっくりと、まず40度まで加熱し、そこで数分おいてから、再び弱めの中火で70〜75度まで上げます。火を止めてフタをして5分放置し、具材を取り出します。その上で、ゆで汁だけを90度まで加熱してみてください。こうすると、それまでは少し白濁していたていどだったゆで汁の表面に、わーっとアクが浮き上がってきます。それをいったんキッチンペーパーなどで濾してアクを捨てれば、鶏と魚介の旨味たっぷりのスープができる。スープの重さの0・8%の塩で調味して、ここで初めて鍋を食卓のカセットコンロの上にセットするのです。スープを温め、野菜を入れ、野菜がやわらかくなってから、すでに下ゆでが終わっている肉などを入れればいいのです。スープに塩で味がついていますから、好みで少量のポン酢やゆず、といったものを加えれば非常においしくいただけます。

なによりもいいのは「アク取り係」がいらないこと。最初の下ゆで段階でアクはほぼ出てしまっていますので、全員でゆっくりと鍋を囲むことができます。これは、お店で鍋を食べるときにはちょっとおすすめできませんが、ご自宅での「鍋パーティ」にはぜひ試していただきたい方法です。

蒸気の法則　STEAM

蒸し器なら金属よりも竹のセイロがおすすめ

同じ水を利用する「蒸す」についても少し触れておきましょう。水は沸点を超えると水蒸気＝湯気になります。水蒸気が再び冷やされれば水に戻るのはご存じの通りです。

この水蒸気の対流を利用するのがスチーム料理、つまり蒸し料理です。

調理の温度帯としては、沸騰したお湯も、水蒸気も同じ100度ですから同じです。ただ蒸し料理の場合は、周囲に水がないので栄養分などが流出しにくいこと、動かないので煮崩れしにくいことなどの利点があります。

焼き油、揚げ油などを使わない調理法なので、ヘルシーだとも言われますが、食材に含まれる脂が抜けるわけではありません。

蒸し鶏は非常に手軽に作れます。鶏のモモ肉か胸肉1枚に塩をふり、ネギ、生姜のスライスの上にのせて酒をふりかけ、強火で蒸すだけです。

シュウマイを作るならば、10～13分ほどでしょう。

ただ、蒸し器も使い方によっては温度が上がりすぎて食材が固くなりがちです。特に金属製の蒸し器はオーブンと同様、側面やフタの裏が非常に熱くなるため、そこからの輻射熱で火が通りすぎ、食材が固くなってしまうことがよくあります。表面は蒸気でしっとりしているように見えても内部が固くなってしまってはせっかく蒸す意味がないでしょう。

蒸し器のよさを最大限に生かすなら、日本や中国などで昔から使われている竹製のセイロが優れています。熱がほどよく抜け、密閉状態にならないため、内部が高温になりにくいのです。金属の蒸し器だと蒸し上がるとフタの裏についた水蒸気が水に戻って水滴となって食材の上に落ちてきたりしますが、セイロならそんなこともなく、小型のものは蒸し上がったらそのまま食卓にも出せます。

「アクアパッツア」という料理も、実はスチームを利用した蒸し料理です。イタリア料理の中でもよく知られるもので、魚、アサリなどをトマトやオリーブオイルで調理しますが、日本で出てくるものは、どうもスープがびしゃびしゃで「煮魚風」になっていることが多いようです。

本来は、塩をふった魚を弱火でよく焼いて火を通しておき、フライパンに水とオリーブオイルとアサリを入れてアルミホイルで覆い、弱火で殻がだいたい開くまで加熱します。ここに焼いた魚とトマトを入れて強火にし、沸騰してきたらさらに水を加えて一気に加熱し、水分を飛ばしていけばそれで完成。アクアパッツアとは、暴れる水とか、跳ねる水という意味です。強火でどんどん蒸気を上げて一気に加熱するのが正解。

蒸し器は使いませんが、これも立派な蒸し料理と言えるのです。

油の法則 FRY etc.

コンフィやムニエルは低温の油を使う料理

加熱調理の最後は油を利用する場合です。油を利用するとひと口に言っても、目的はさまざまです。

使う温度帯も目的によってまったく違います。天ぷら、フライ、唐揚げ、素揚げなどが油を使う調理の代表格ですが、これらは160～200度近い高温を使うことが多い調理です。けれど、コンフィやムニエルなどはずっと低温の油を利用するものです。ムニエルというと「バター焼き」と同じと思われることが多いと思いますが、本来のムニエルは、サラダオイルなどの代わりにバターをかなり大量に使って、バターが焦げない温度を保ち、出てくる泡の中でゆっくり食材を加熱する調理法です。このときのフライパンの温度は150度前後まで。フライパンが180度以上になるソテーとはまったく違う方法です。鮭のムニエル、舌平目のムニエルなど、魚介のムニエルのほうがよく知られていますが、豚肉や、鶏の胸肉、レバーなどでも非常においしく仕上がります。

また、コンフィはこれよりもずっと低温の80～90度の油で非常にゆっくり食材を加熱する保存用の技法で、鴨などの調理に向いています。温度管理をしやすくするため、鍋ごと低温のオーブンに入れてこの温度を保ち続ける方法をおすすめしています。

水分の中でゆでると、食材内の水分に熱が通りやすいので注意が必要になるのですが、食材を油の中に入れても、油は食材の中に入り込んでいくわけではありませんので、火の通りは水よりもゆるやかになるのです。

豚カツも冷たい油から揚げたほうが肉はジューシーに仕上がる

油を使う料理で一番身近なものはフライと天ぷらです。どちらも衣で覆うことによって、食材に熱が直接急激に伝わることをほどよくおさえて加熱する方法です。外側からも直接熱は伝わりますが、半分は衣の中で蒸されている状態でもあります。

つまり熱をコントロールするには、まず衣をしっかりとつけることが大事だと言えます。

特にフライは要注意。小麦粉を雑につけると揚げている間にはがれ落ちてしまいます。見た目がよくないだけではなく、はがれた部分から高温の油が入りこむため、固くなり、油っぽくなる原因となります。

豚カツ用の肉につける小麦粉はできる限り、薄くていねいに。女性のファンデーションと同じで、厚塗りにすると逆にはがれやすくなります。ハケなどを使って軽く叩くようにすると均一につきます。これもお化粧と同じですね。

溶き卵には少量のサラダオイルを加えてよく混ぜてから肉をくぐらせましょう。これは油で肉のまわりに皮膜を作るためです。それによって熱い揚げ油が内部に入り込むのを防ぐという意味もあります。なるべく肉に手で触れないようにして卵液にくぐらせてから、パン粉をつけてください。卵液のついた肉は手でベタベタ触ると、小麦粉の土台からまとめてはがれてしまうこともあります。菜ばしや竹串、つまようじなどで肉のはじっこを持ち上げ、ていねいに。そうすれば、手がベタベタになることもありません。

「多少テキトーでも揚げたら衣が固まるからだいじょうぶ」などと思わないこと。

揚げ方ですが、僕は「冷たい油から」をおすすめしています。

冷たいフライパンに1センチほどサラダオイルを入れて、そこに衣をつけた豚カツを入れます。さらに衣の上からオイルを注ぎ、肉がかぶるまで入れます。弱めの中火で点火して45度になったら火を止めて3分放置。再点火して衣の周囲が白くなったら、そっと反転、130度になったら取り出します。油を200度以上に加熱して、豚カツを戻し入れ、こんがり揚げ色がつくまで40秒～1分、二度揚げすればできあがりです。

テレビでご紹介したときには、ほとんど悲鳴のような声が上がりました。まあ、衣をつけてフライパンに置いた豚カツの上から、冷たいサラダオイルをドバドバとかけるわけですから、「冷たいフライパンの野菜炒め」以上に、見た目の衝撃は大きかったかもしれません。

「ベタベタになりそう」「油っぽい豚カツになりそう」「体に悪そう」という声が続出でしたが、もちろんそんなものをおすすめするつもりはありません。

「肉をジューシーにやわらかく仕上げ、しかも衣はこんがりカリッと仕上げること」「家庭で作っても失敗のリスクが少ないこと」を最優先にすると、この方法に行きつきます。

冷たい油から揚げるのは、ソテーやローストのときと同様の理由で、肉にできるだけゆっくりと火を通すためです。最後に高温にするのは、揚げ色をつけるためだけではなく、油切れをよくするためでもあります。高温の油は粘度が低くサラサラになりますから、油がすぐに切れて衣がベタつくことがありません。

魚のフライも、冷たい油から揚げると生臭みをとる意味でも効果的です。サーモンフライなどは、冷めると生臭さを感じることがありますが、じっくり揚げれば皮の周辺などの脂が、揚げ油の中に抜けていくので、まったく気にならなくなります。魚は火が通りやすいので、高温で短時間で揚げると臭みが魚に残ってしまいます。

ひき肉は低温の油で洗って、臭みを落とす

油に香りが移りやすいという性質を利用して、ひき肉の臭みを抜く方法もご紹介しましょう。

たとえば、麻婆豆腐やキーマカレー、ボロネーゼソース、ひき肉のそぼろなどを作るときなどに一度試していただきたいのですが、この下処理を行うと、「ひき肉は独特の臭みが気になる」という方でも、非常においしくいただけます（口絵6ページ参照）。

方法は簡単。

①冷たいフライパンにひき肉を広げて入れ、肉の半分の高さまでサラダオイルを回しかける。菜ばしなどでかたまりがなくなるよう全体をほぐす。
②弱火にかけて全体に色がうっすら変わってきたら、ザルで漉し、油を捨てる。
③再び弱火にかけてさらに油を捨てながら炒め焼きを続ける。
④肉の赤い部分がなくなったら完了。

いわば、油でアクと臭みを落としていく「油洗い」です。

①から④で、何を目指しているのかをくわしく説明すると、まず40度までの温度帯で油に臭みを移してそれを捨て、つぎに40度以上で出てくるアクと水分を捨て、さらにゆっくりと60度まで加熱することでひき肉をふっくらと仕上げる、ということになります。

油で普通に炒めてしまう場合とぜひ一度比較してみてください。

下ごしらえがすんだひき肉をすぐに味わいたければ、酒、メープルシロップ（砂糖よりなじみやすく、甘みが強すぎない）、しょう油で味つけするだけで、とてもおいしい「ひき肉のそぼろ」ができますので、ごはんのおともや、おにぎりの具にぜひご利用ください。山椒をふればピリッと大人っぽいそぼろになります。

通常のそぼろというと、臭み消しのために生姜などを入れることが多いのですが、「油で洗う」下ごしらえをしておけば、臭み消しはまったく不要です。

すじ肉煮込みは低温でゆで、油で焼いて徹底的に脂を落としてから煮る

脂やすじの部分が多く、しかも非常に固い牛すじの下ごしらえをするときも、油を利用すると臭みなくおいしく作ることができます。たとえば、居酒屋さんのメニューなどでもおなじみの「牛すじ煮込み」を作るとき、最初から最後までお湯で何時間も煮続けただけでは、いくらやわらかくなっても臭みが強く、脂っぽいものになります。しょう油、ニンニク、酒、ネギ、生姜と、砂糖、味噌などをどっさり入れて「臭み消し」にすることになり、肉の味など残らなくなってしまうでしょう。

牛すじは非常に固い部位なので、やわらかくするまではどうしても時間がかかります。けれどどうせ作るならお店以上のものを目指してみてください。アクや脂をしっかり抜

くために、ここでは水も油も使います。まず低温のお湯でのアク抜き、そして油洗いによるよぶんな脂の焼き切りの両方を行います。

牛すじは、固く、しかも脂も臭みも多い部位ですが、この方法なら、家庭ならではのあっさりした牛すじ煮込みになります。

レシピ 臭みなしで脂っぽくないトロトロの牛すじ煮込み

材料

●牛すじ……250g●大根……150g●こんにゃく……100g
●サラダオイル……60g●しょう油……20g●赤味噌……10g
●砂糖……18g●酒……100g●水……400g
●青ネギ……20g●山椒・七味……お好み

作り方

①フライパンに牛すじを全部入れて水（分量外）を注ぎ弱めの中火でゆっくり加熱し、50度まで上げる。ここでかなりのアクが抜けます。湯を捨て、肉についたアクはさっと洗い流しておく。
②①の牛すじを3〜4センチに切り冷たいフライパンに入れ、サラダオイルを多めに（60gていど）注ぎ、弱火にしてゆっくりと焼いていく。20分ほどじっくり焼いて油を捨てる。
③ここまで下ごしらえをしてから、大根やこんにゃく、酒とともに水400gを入れて、2時間以上、水を足しながら落としブタをして、やわらかくなるまで煮る（落としブタをして、軽く煮立った状態を保つ）。
④砂糖、赤味噌、しょう油を加えて煮汁を煮詰めつつ味を含ませて完成。
⑤30分ほどそのままおくと味がよくなじむ。お好みで山椒、七味、青ネギなどを添えて完成。

日本人は、非常に「肉の臭み」を気にしますが、これはやはり日本人がもともと農耕民族で、狩猟民族が主食とした肉の匂いに今なお慣れきっていないためかもしれません。牛肉を食べるのが一般的になったのは、明治維新後。「牛鍋」（すき焼き）が大流行してからです。「臭み」を消すために日本酒やしょう油、砂糖、ネギなどをたくさん入れました。衛生管理なども今よりずっと危なっかしいものだったでしょうから、殺菌の意味もあったと思いますが、そうでもしないととても食べられなかったのです。当時日本で食べていた牛は、おそらく草を主食として育った「グラスフェッド」。グラスフェッドの牛は、肉が赤身になります。いっぽうトウモロコシなど糖質の多い餌を食べて育った「グレインフェッド」の牛は脂肪が多くなります。肉の脂は甘みになるため、脂身の多い肉は臭みを感じにくくなります。しかしグラスフェッドだった当時の肉は赤身で、かなり当時の日本人には「臭い」と感じられたのでしょうね。

現在、日本人が食べているのは、国産であれ輸入肉であれほとんどがトウモロコシ、大豆などの糖質の多い餌を食べて育った「脂身の多い肉」です。

また、味以前に日本人が食べている牛や豚は、国産であっても、そのほとんどが、海外で遺伝子組み換えによって生産されたトウモロコシなどの餌を食べて育っています。

遺伝子組み換えの穀、そしてその穀物を食べて育った動物の肉などの「安全性」について、多くの議論があるのはご存じの通りです。

肉好きなら知っておきたい「ブーム」の裏側

最近、日本は「肉ブーム」です。熟成肉やジビエを扱う店も増え、男性はもちろん、女性も「肉食系」が急増しているとか。さらには「高齢者こそ健康長寿のためには積極的に肉を食べよう」という呼びかけも目立ちます。

肉の中でも最近のはやりは「イベリコ豚」などのブランド肉と、熟成肉です。

これらを看板に掲げた店がどんどん増えるにつけ、なんだか疑問を感じることも多くなってきています。

特に熟成肉については、実際に食べてみると「どこが熟成肉？？」というものもけっこうあります。

熟成肉というのは、肉を一定期間低温で寝かせることによって、旨味のもとであるアミノ酸を増やす、というもので、ドライエイジングとウェットエイジングがあります。

ウェットエイジングは、簡単に言うと真空パックされた肉を冷蔵状態で5～10日ほどおいておく、という手軽なもの。真空パックの肉をチルドで輸入した場合はこの状態で手元に届くことになります。

いっぽうのドライエイジングは、温度1度前後、湿度70～80％前後の環境で2週間～1ヵ月以上風をあてた状態で腐敗させることなく熟成させるもので、酵素が肉のタンパク質を分解し、それがアミノ酸となって旨味が増し、肉はやわらかくなるのです。良質な肉であることと、高い技術が必要な手法です。そのためたいへん高価でもあります。

チェーン店などで「熟成肉を使用しています！」という場合は、ウェットエイジングで、これまでは冷凍輸入して解凍していたものを、チルドで輸入するようにした、という意味と思っていいでしょう。

問題はドライエイジングのほうです。こちらは、熟成させる肉自体に良質のものを使わないと、いくら時間をかけても味が抜け、しかも妙な匂いがするだけ、という結果になります。ブームが加熱するにしたがって、本場のヨーロッパ、フランスなどでさえ、

「看板だおれ」の熟成肉を出す店が増えているようで、残念なことです。いい熟成肉を使っている店は、食べる以前に焼いているときの匂いでわかります。すばらしい熟成肉からは一種のナッツ香とそれに付随する甘い香りが立ち上がってくるからです。

世界的に熟成肉がブームになったため、おそらく熟成するに足るほどの良質の肉の供給が追いついていないのでしょう。

国産の牛肉を使って熟成させているところもあるようですが、もともとこの方法は、脂身の少ない良質な赤身の肉を使わないと成立しにくい技術です。日本人はサシが多く入った脂分が多い肉を「上質」としていますが、脂が多いということは酸化が進みやすいということ。脂はいくら熟成させてもおいしくなりません。特に長期間の熟成は無理です。

ドライエイジングの本場であるはずのフランスでさえ、本当においしい熟成肉はなかなか食べられなくなっていますから、日本の状況は推して知るべしです。

無理に高価な肉にお金を払うより、ごく普通の清潔な肉を購入して、ご自宅でお好み通り焼き上げたほうがずっといいのでは、と思ってしまうのです。

あちこちでよく見かけるようになったイベリコ豚も同じです。本来のイベリコ豚とはスペインのイベリア半島、コルク樫の木が生い茂る森で育つ豚の品種です。飼育法や餌によってグレードが分けられており、放牧後、餌の50％以上をドングリで育てた豚のモモ肉が最高級で、ベジョータと呼ばれます。この育て方をしたイベリコ豚にはオレイン酸が多く含まれ、脂がサシのように入っているのが特徴。ベジョータで作った生ハムが「ハモン・イベリコ・ベジョータ」というわけです。

ベジョータは産地のスペインでもなかなか手に入らない希少で高級なもの。日本では、あちこちのお惣菜屋さんまで「イベリコ豚」をメニューに掲げていますが、まずドングリを食べているわけではないので、イベリコ豚ならではの食感や栄養価を期待しても、無理ということは知っておいたほうがいいのでは、と思います。

肉にも国内外ともに「ブーム」があります。けれどブームになると希少なものはすぐに供給が追いつかなくなり、クオリティの低いものが出回り、それを本物だと思ってしまう人が多いのは残念なことだと思います。

2章

味つけの新法則

「おいしい」の基本は塩、「出し」はすべての食材に入っている

塩分は0・8％前後が、生理的に「おいしい」濃度

ここまでは、食材の「加熱」にまつわる手法や、その科学的な理由について、なるべく簡単にお話ししてきました。

さて、つぎは「味つけ」です。

野菜や果物のように生でそのまま食べてもおいしい、加熱しただけでもおいしい、というものもたくさんありますが、肉や魚などはやはり「味つけ」がどうしても必要になります。味つけが必要ないものの多くは素材に甘みを含むもので、それがない場合はどうしても「塩」がないと、人間は「おいしい」と感じられません。

では、どのくらいの塩なら「おいしい」のでしょうか。答えははっきりしています。

答えは塩分濃度0・8％です。

この前後が、人間の舌が「おいしい」と感じる塩分濃度なのです。

それは人間の体液の濃度に関係があるようです。人間は体重の60％以上が水分で満たされており、そのうちの3分の2は細胞の内部にある水分で、残りの3分の1が、血液

やリンパ液など。これらの水分には塩分が含まれていて濃度は約0・85〜0・9%です。これとほぼ同じ濃度の食塩水を「生理食塩水」と呼びます。市販されている生理食塩水は0・9%です。

体液と同じ塩分濃度の水分は体内に入っても、浸透圧によって細胞を傷つけることがありません。たとえば真水（生理食塩水より濃度が低い）や、海水（生理食塩水より濃度が高い）が目に入ると、どちらもしみて痛みますが、これは浸透圧の違いによるもので、生理食塩水ならばしみることはありません。

体液とほぼ同じ濃度が「おいしいと感じる塩分」なのです。動物は味つけなしに餌を食べますが、敏感な舌とそれを感じる発達した脳を持つ人間だけが、この濃度に近い塩分を本能的に「一番おいしい」と感じ、それはほとんど世界中の料理に共通しています。

料理の場合の塩加減で考えると、「食べるときの総重量に対して0・8%」を目安にすれば間違いありません。この分量の塩を使って調理すれば、人間の舌は「おいしい」と感じるようになっているということ。

どんな料理をするときにも、まずこれを覚えておいてください。

すべての味つけの基本は「塩」です。どんなに複雑な味わいの調味料をたくさん使う場合でも、「塩」がすべての基礎になっています。

フレンチでも和食でもこれはまったく同じこと。どんなに高級なフランス料理でも味の基本は塩、手間ひまかけたソースはそれに風味をプラスするだけのものです。また、和食の出しも同じです。いまや世界中で「出し」は注目されていますが、それも塩味のベースに、奥深さを与える「プラスアルファ」にすぎません。

どれほど複雑なレシピであっても、その中の塩分だけを取り出して食材にふり、それだけで「おいしい」状態でなければ、ほかの調味料はすべてムダということ。

塩さえあればほかの調味料はいらない、と言っても過言ではありません。ソース、ドレッシング、煮汁に入れる調味料は、すべて塩味の食材をより奥深く、リッチな味わいにするためのものです。

だからこそ、食材の味や風味に自信がある店は、「この肉は塩だけで食べてください」とすすめ、魚の刺し身や天ぷらも、あえて「塩で」とすすめることもあります。

肉を焼いて食べる場合、ソテーでもローストでも、僕の料理教室ではまず「塩だけで食べる場合」の焼き方を基本にお教えし、その上で、好みでコショウや山椒、七味をふる、あるいはシンプルなソースを少量使うようにしています。

実はこれはパスタについてもまったく同じです。まず適切な濃度の塩水でゆでたパスタは、ゆで上がった段階でつまんで食べてみて、「すでにおいしい」状態になっていなければなりません。塩味がついたパスタに、好みのソースをかけて食べる、というのが正しいパスタであるべきです。パスタのゆで汁に塩を入れる理由は味つけ以外にもありますが、これはあとでご説明しましょう。

「塩少々」「塩で味をととのえる」はあり得ない！

塩はこれほど味つけに大事なものなのですが、なぜか料理のレシピ本を見ると、実にひんぱんに「塩をひとつまみ」「塩少々」「塩適宜」などという記述が出てきます。僕はこれが昔から非常に不思議でした。しょう油や味噌などは、比較的細かく、大さじ１（15cc）とか、小さじ１（５cc）と書いてあることが多いのに、なぜか塩は「ひとつまみ」「パラパラと」「塩コショウで味をととのえ」などと書かれていることが多いのです。

塩の量さえ失敗しなければ、料理が大失敗することはまれです。特に家庭料理では、出しの工夫をするよりも、塩の量のほうがずっと大事なのに、なぜそこで「塩適宜」になってしまうのでしょうか。こういう表現が多いと「塩は適当でいいんだ」「あとで足りなければ足そう」と思う人が多くなるのは当たり前です。塩は本来の意味での「適当」＝適切な相当量を使うべきで、カタカナの「テキトー」ではダメです。

たしかに入れすぎるよりは少なく間違ったほうが修正しやすいとも言えますが、おいしいパスタを作りたければ、ソースの塩分を増やすより、ゆで汁の塩分を強くしたほうがずっとおいしく仕上がります。高級な肉を使ったステーキも、新鮮なサンマの塩焼きも、「塩」の分量とふりかたが、味つけのほとんどすべてと言っていい。

肉の重さの0・8％の塩が「正しい塩加減」

だからこそ、ぜひキッチンに用意していただきたいのが「大さじ」と「小さじ」だけではなく、小さじの5分の1の1ccが量れる小さな計量スプーンと、さらにその半分の0・5cc0・1cc用のスプーンです。1ccは塩1gにあたります。

0・8％の塩分というのは、「調理しおえた食材の重さに対して0・8％の重さ」ということ。

まず、正確に食材の重さを量り、電卓を使って0・8％の塩の量を算出することが大事。それから正確に塩の分量を量ってください。塩1gはほぼ1ccと考えてかまいませんが、粒子の大きな塩を使う場合は、計量スプーンよりもキッチンスケールで重量を量ったほうが正確です。こうしたケースがあるため、僕のレシピはすべて「cc」ではなく、「g」で統一しています。

塩は「目分量」や「カン」をあてにせず「0・8％」を量ってください。僕自身も常にそうしています。

ただ肉は焼き上がると水分が出て、ミディアムレアであっても、重さは焼く前の93〜95％、ウェルダンなら80％ていどまでに減少します。焼く前の重さに対して0・8％の塩をふると、食べるときには少し塩分率が高くなるのでは？と感じると思いますが、塩をふって焼く場合、塩の一部はフライパンに落ちますし、焼いてから塩をふる場合は切り口用の塩を残してふるといった方法をおすすめしていますから、レシピにあるとおり、焼く前の肉の重さの０・８％の塩でだいじょうぶです。ただ、食材、料理によっては、食材の水分や、ゆで汁の蒸発などが2割ていどあることを見こして、塩を2割減らしたレシピにする場合もあります。

コショウやハーブは「適宜」でも塩分だけは「適切」に

どんな料理を作るときにも「塩」は厳密に量ってください。コショウやハーブの量は「お好み」でけっこうです。

もしも作ってみたいレシピに塩の量が「適宜」となっていたら、でき上がりの食材の分量を計算して、その０・８％を目安にすればいいと思います。

ちょっと計算がしにくいのですが、しょう油の塩分も本来は厳密に計算すべきです。しょう油の塩分濃度は16〜19％前後ですが、一般的には色が薄い「薄口しょう油」のほうが塩分濃度は高い傾向があります。同じ「濃口」といっても、銘柄や製法によって塩分濃度にかなりの違いが出ます。ですから「しょう油大さじ1」といっても、塩分濃度はそれぞれお使いになっているしょう油によってかなりの差があると思ってください。

僕はでき上がった料理の塩分を調節するため、醤油だけで味つけをせず、通常は少少なめの醤油と塩を併用するレシピをおすすめしています。味噌汁を作る場合も、出し汁に塩味をつけてから、味噌で風味をつけています。味噌もしょう油以上に塩分濃度がそれぞれまったく違います。

ちなみに、味噌は汁に入れる前にちゃんと小さなすり鉢とすりこぎで軽くすって風味を引き出してから入れましょうね。

特に出しと塩分を使う場合は、舌で味を見極めながら塩の量を決めることも大切です。というのは、「出し」＝旨味成分が多いほど、塩を少し強くしないと「おいしさ」は出てきません。よく「出しがきいているから減塩でだいじょうぶ」という人がいますが、これは間違いです（くわしくは177ページ）。以前僕は『家庭の煮物に出しはいりません』という本を出しましたが、これは「手間がかからない」「素材のおいしさを引き出せば、出しは入れなくてもいい」という意味だけではなく、「その結果、減塩になる」ことが大きなメリットなのです。

パスタは水1リットルに対し15gの塩を入れて「表示通り」の時間でゆでる

シンプルでおいしいペペロンチーノ。僕も大好きです。けれど、シンプルなだけに、家庭で作ると、失敗も目立ちます。「なんだか油っぽい」「味が物足りないので、つい粉チーズを大量にかけてしまう」「歯ごたえがイマイチ」という声はよく聞きます。

ペペロンチーノに限らず、パスタが「イマイチ」になる理由はほとんどが「ゆで方」にあります。上手にゆで上がれば、ソースなんかなくてもおいしいし、トマトソースをかけただけでも立派な一品になるはずなのです。

ゆで方の失敗というと「ゆですぎ」を心配する方が多いと思います。

よく、料理本などにあるのが「たっぷりの湯を沸かして塩を入れ、袋に書いてある時間より1分ぐらい短めにゆでればアルデンテになります」というものですが、ここにはいくつも「問題点」があります。

そもそも、家庭で１～２人前をゆでる場合であれば、お湯はそんなにたくさん必要ありません。長いパスタが入らないのならふたつに折って入れればそれですみます。お湯の量は、パスタが湯の中で軽く対流するていどあればじゅうぶんです。フライパンでゆでることも可能です。

ただ、口径の大きなフライパンだとゆで汁が蒸発しすぎてゆで汁がどんどん塩辛くなってしまう、という問題があるので、注意する必要はありますが、パスタを折らずに縦に入るような、本格的な鍋を用意する必要はぜんぜんなし。

それよりも、一番大事なのは、「塩の量」です。少していねいな料理本を見ると、一般的には「１％の塩水でゆでる」となっています。本などによっては「塩を適宜入れ」とか「塩少々」「１リットルに小さじ１」（０・５％）といった表記もあります。

たしかにあとから使うソースや具材に含まれる塩分にもよるのですが、パスタ名人を目指すなら、「ゆで上がってすぐおいしい」状態のパスタをゆでることが、一番の近道だと思っています。

僕はパスタをゆでるときには、1リットルの水に対して15gの塩を入れます。ゆで汁の塩分濃度1・5%ということです。「えー、そんなに？ おいしい塩分濃度は0・8%じゃないの？」と主でしょうが、そもそも乾麺というのは、ゆでているときに水分が内部に含まれてやわらかくなるものです。もとの重さの約1・2倍の水を含んだときが「適切な食べごろ」で、これは乾麺でもお米でもほぼ同じです。

ゆであがったパスタの塩味は、パスタが吸い込んだお湯の中に含まれた塩の量で決まります。お湯の塩分は、味がついていないパスタで「薄まって」しまうことになるわけです。つまり、1・5%の湯でゆでても、ゆであがったパスタの塩味は1・5%よりずっと薄くなります。ほかの食材を調理する場合は、加熱によって食材の水分が失われて軽くなることを想定しつつ塩の量を決めますが、パスタの場合は逆で、食材が水を吸って重くなることを想定してゆで汁の塩分を決めているというわけです。

100gのパスタを1・5%の湯でゆでたとします。100gのパスタはゆであがりに120gの塩水を吸い込んで220gなります。つまり220gのパスタの中に1・8gの塩が含まれたというわけ。計算してみましょう。1・8g÷220g＝0・00

82　つまりほぼ0・8%です。

1・5%の塩でゆでれば、ゆであがりのパスタはほぼ0・8%の塩味になるというわけ。好みや、パスタにからめるソースなどによって量を多少減らすこともありますが、まず1・5%でおためしください。自分には塩辛いと思えば、水1リットルに対して15gのところを12~13gに減らしてみてください。

塩を入れるからこそ「アルデンテ」はおいしくなる

また、塩水には小麦粉のタンパク質を固める効果もあります。それがパスタの表面に壁を作ってくれるのです。

それによって、ゆでているときに「ふきこぼれ」がなくなるのも、大きなメリットのひとつです。ふきこぼれというのは、パスタの表面から溶け出した粉が湯の表面に膜を作るために起きるものです。だから粉がたくさんついた生麺、半生麺は盛大にふきこぼれやすくなります。パスタなどの乾麺はもともと粉がついていませんからふきこぼれにくいのですが、塩が入っていないと表面の粉が溶け出しやすく、そのせいでふきこぼれることがあります。あわてて火を弱めると弱すぎて湯と麺が対流せず、パスタに均一に火が通らなくなり、ゆで上がりにムラが出ます。だからといって水をさして温度を下げようとすると、さらに塩分濃度が薄くなってしまいます。

塩はきちんと量って最初から水に入れ、それから沸かしてください。沸騰したところに多量の塩を入れると「突沸」といって一気に沸き上がり、危険です。

塩が薄いお湯でゆでた「自称アルデンテ」は最悪なものになります。塩分が足りないと、パスタの表面のタンパク質はお湯の中に溶け出していくので、表面はやわらかくなっていってしまいます。その状態で指定時間より早めにパスタを湯から取り出すと、外がやわらかく中に芯が残る「妙なアルデンテ」ができあがってしまうのです。パスタの外側がしっかり固まった状態で芯が残っていてこそのアルデンテです。この状態で食べると、固さは「コシ」に感じられて、弾力のある食感になります。

パスタには炭水化物ばかりではなくタンパク質も豊富に含まれていますから、タンパク質が塩で固まる性質を上手に利用することによって、パスタにコシが生まれるというわけです。

プロの中には、1・5%どころか3・5%もの高濃度の塩水でゆでる人もいます。3・5%というと海水とほぼ同じ。この濃度でゆで上げ、一度洗ってからソースで味つけすると、非常にコシが強い仕上がりになるわけです。

なお、ゆでる湯に、少量のオリーブオイルを入れると麺どうしのくっつき防止にもなり、香りづけにもなります。火加減は、湯の中で麺が軽く泳ぐていどの火力にしてください。麺が動かず、お湯だけが対流している状態だと麺どうしがくっついてしまいます。

塩分濃度が高ければ多少ゆですぎてもコシは強いままになる

1・5%以上の塩を入れることによって、パスタはやわらかくなりにくいため、アルデンテに仕上げたいときに「袋の表示より1分早く」上げる必要はありません。芯がもっと残るほうが好きだという人は、早めに上げてもかまいませんが、この塩分濃度であれば指定された時間通りにゆでてちょうどいい固さになるはずです。

またパスタがゆで上がったとたんに、大慌てで湯を切る必要もありません。1分ぐらいそのままにしても、やわらかくなりすぎることはないので、落ち着いてゆでてください。

注意点は、塩を入れたお湯が沸騰したら、すぐにゆで始めること。そうしないと、湯が蒸発して、どんどん塩分濃度が濃くなってしまうからです。特に少なめの湯でゆでるときにはご注意ください。

逆に「コシ」「表面の固さ」がじゃまになる、というときには塩を控えめにする、または真水でゆでるケースもあります。僕は、冷製パスタを作る場合には、塩を入れずにゆで、湯を切ってからすぐ温かいソースとからめます。麺の表面がやわらかくなるので、あとからからめるソースの味がなじみやすくなるからです。ソースとからんだ麺を密封できるビニール袋に入れて空気を抜き、できるだけ表面積を広げた状態で冷水につけて、一気に冷ませばＯＫです。

どうもパスタが上手にできない、という方は、ぜひゆでるときの塩加減を変えて試してみてください。もちろんその場合には、ソースに使う塩分をこれまでよりも大幅に控える必要があります。まず、ペペロンチーノで試してみるといいのではないでしょうか。

ペペロンチーノのパスタは「湯切り」しない

ペペロンチーノを作る場合は、あらかじめ刻んだニンニクと唐辛子を1人前80gのパスタあたり10gのオリーブオイルで弱火で加熱して、オイルに香りと辛味を移していきます。これはお湯を沸かし始める前でも、パスタをゆで始めてからでもけっこうです。冷たいフライパンに冷たいオイルとニンニクを入れて、ごくごく弱火で決して焦がさないように加熱するわけです。フライパンを傾けて、オリーブオイルの中でゆっくりニンニクを加熱してください。唐辛子は好みによって途中で入れましょう。最初からずっと加熱していると焦げやすい上、辛くなりすぎることもあります。香りがじゅうぶんに移ったら火を止めておきます。

ペペロンチーノのお悩みのひとつ「油っぽくなる」を解消するポイントは、油とパスタの合わせ方、その1点です。つまり本来混じり合わない水と油が上手にトロリと混ざるようにすればいい。それが「乳化」です。乳化の失敗は、だいたいの場合「水が多すぎること」です。まず、ここを覚えておいてください。

用意はいいですか？　ここから一瞬だけ、急ぎます。

ニンニクと唐辛子の香りや辛味が移ったオイルはフライパンに入っていますね？　パスタはもうじきゆで上がり時間ですか？　あと1分でゆで上がる、というときにオイルが入ったフライパンに弱火で火をつけてください。ここで焦がさないように注意します。フライパンが熱くなり、泡が盛んに出て沸き立ってきたら、そこにすぐさま、鍋から直接パスタを取り出して投入してください。ザルでお湯を切らず、トングで持ち上げてそのままフライパンに直行です。火を強火にして、すばやく菜ばしやトングでオイルをパスタにからめていきます。よぶんな水分はどんどん蒸発していきます。

はい、これで完成です。

よく「フライパンにゆで汁を加える」と書いてあることがありますが、ペペロンチーノでこれをやると、確実に水分が多すぎになります。しかも、フライパンの火を消して混ぜたりすると、水分がまったく蒸発しないので、もっと水っぽく、かつ油っぽくなります。

トングなどで、鍋から直接パスタを上げてフライパンに直行せよ、と書いたのは、その方法なら、ちょうどいい水分がパスタといっしょにフライパンに入るから。もうひとつの大きな理由は、パスタが冷めないうちに、オイルのソースと合わせるためです。オイルとパスタがどちらも熱々の状態でないと、ソースはパスタになじみません。

ラーメン屋さんのように、ザルで湯切りする必要はありません。これをやると、水分が蒸発する上、そのとき発生する気化熱でパスタはどんどん冷めてしまいます。

その状態で、パスタを混ぜたり、ゆで汁を加えたりしてだらだら加熱すると温度が下がっているため、入れたゆで汁はそのままとどまってなかなか蒸発しないので水分過多状態が続いて乳化できず、温度が低いためソースはからまず、「水が多すぎるから」と加熱時間をのばすと、ゆで汁の中でパスタを煮てしまう状態になって、パスタがゆですぎになります。

ペペロンチーノの最大のポイントは、

1　塩分1・5％で指定の時間通りゆでる
2　熱々のオイルと熱々のパスタを和える

これにつきます。

ペペロンチーノでは物足りないというのであれば、ゆで上がったパスタに、缶詰のトマトを煮つめて塩をしたソースなどと和えてもいいでしょう。風味づけにコショウをふったり、好みでチーズをふる、といった工夫を。基本の味が決まっていますから、あとは自由自在です。ただ、塩気の強いチーズをたくさんかけると、しょっぱくなりすぎますから、ご注意ください。チーズもまたこの場合は風味づけと考えましょう。

「乳化」の意味がわかると絶品のボンゴレが家で作れる

塩とは少し離れますがもう少しパスタ作りのコツをお話ししましょう。アサリを使うボンゴレです。

これも、水分とオイルをうまく乳化させないと、やたらに水分が多い「スープパスタ」的な、よくわからないものができてしまうので、ちょっと工夫が必要です。

ペペロンチーノはオイルソースだけで作るので、水は「パスタをゆで上げたときについてくるお湯だけ」でじゅうぶんなのですが、ボンゴレの場合は、アサリ自体の水分、さらにアサリを加熱するときに使う水分（酒、ワイン、水）も入ってきます。

水分が多いということは、トロリと乳化したソースにするにはオイルもペペロンチーノよりも多く必要だということです。ここで日本人はどうしても、オイルを控えてしまいます。やはり食文化がオイル文化ではない上に、近年の健康志向のせいなのか、とにかくオイル少なめをヨシとするところがあります。

ところが、水分ばかりが多くなりすぎれば乳化できず、アサリスープの中にどうも歯ごたえのはっきりしないパスタが盛ってあるような謎パスタができてしまうことになります。

まあ、それでも食べられないことはないでしょうが、どうせならもうワンランク上を目指してみてはどうでしょうか。たまにはイタリア人並みにオイルをしっかりと入れて作ってください。

ボンゴレはまず、ゆっくりとアサリの殻を開けるところから始めます。貝類はうんとゆっくりと加熱しないとすぐに固くなって水分が全部外に出てしまいます。せっかくボンゴレを楽しむのなら、アサリの身もふっくら仕上げてほしいものです。

コツはゆっくり開けるだけ。一人前80gのパスタで作るならば、まず、冷たいフライパンにピュアオリーブオイル10g、ニンニクのみじん切り2g、種を取った唐辛子（半分～1本）、日本酒10gと白ワイン10gを入れて、砂抜きをしてよく殻を洗ったアサリを並べます。日本酒を入れるのは白ワインの酸味が強く出すぎることが多いからです。フライパンをアルミホイルで軽く覆って弱火でゆっくり加熱していくのが一番。フタをすると早く開きますが、アルコールが蒸発しきらず、身は固くなってしまうので、この方法がもっとも適しています。アサリの口が開いてからも弱火で3分から5分加熱を続ければ、身は固くならずしかもおいしいスープがフライパンにできていますから、ここで火を止めてそのままにしておきましょう。そのほうが貝柱に余熱で火が入り、身離れがよくなります。

パスタはここからゆで始めてもかまいません。塩分濃度は1・5％。ただし、アサリの殻に塩が付着したままだと、必要以上に塩辛くなることがあるので、砂抜きずみのアサリでもよく殻を洗ってください。

パスタがゆで上がったら、アサリとパスタを合わせるだけですが、ポイントはここ。ペペロンチーノよりもずっと多い水分と、オイルを上手に乳化させる必要があります。慣れないうちにはフライパンからアサリをいったん取り出し、煮汁だけでやってみてください。

スープだけ入ったフライパンを中火にかけて煮汁を沸騰させます。パスタのゆで上がりの1分前くらいから始めるとちょうどいいです。スープが沸き立つように沸騰したらここにさらにオイル10ｇを加えます。こんどはピュアオイルより香りの強いエクストラバージンオリーブオイルです。火を止めずに泡立て器を使ってスープを乳化させます。泡立て器を使うのがもっとも失敗なく簡単です。ぐるぐるかき回すのではありません。フライパンの底に泡立て器をあてたまま、静かに左右に手早く動かし続けてください。

少し続けていくと、スープが煮詰まりながらオイルとなじみ、トロリとしてきます。もしも煮詰まりすぎてしまったら、水を足せば問題ありません。

一番大切なのは、フライパンの中で水と油をうまく対流させて、油の分子と水の分子をきれいに並べて手をつないでもらうこと。ここまでくると、少し時間がたっても、水分と油分が簡単に分離することはありません。

トロリと乳化してきたら、取り出していたアサリをフライパンに戻し、一度強火にして温度を上げ、再び煮汁を沸騰させます。ここにすかさず熱々のパスタをトングで鍋から上げて投入し、強火のまますばやく混ぜれば、これで完成。

むずかしそうに思うかもしれませんが、ソースは先に乳化させ、火から下ろしておいてもだいじょうぶ。パスタと合わせる直前にアサリを入れて熱くすればＯＫです。

ボンゴレのポイントは

1　アサリの殻をゆっくり開ける

2　殻を開けるときだけではなく、ソースを作るときにもオイルを入れる
3　煮汁が沸騰している状態で乳化させる
4　熱々のパスタと熱々のソースを和える

乳化したアサリの旨味たっぷりのソースはパスタによくからみ、決して「スープパスタ風」にはなりません。しかも、アサリはけっこう長めに加熱したように感じるかもしれませんが、水分を失わずにふっくらしているはずです。パセリやコショウ、チーズ、バジルペーストなどはお好みで風味づけに使ってください。

フランスのマヨネーズは酸っぱくない

乳化について少し補足しておきます。

乳化というのは、本来混ざらない水の粒子と油の粒子が「きれいに並んだ状態」をイメージしてください。油と水を上手に混ぜるとこの状態になり、簡単には分離しなくな

ります。水と油をビンに入れて激しく振っても、一時的には混ざりますが、すぐに分離してしまいます。これは乳化した状態になっていないから。

乳化によって作られた代表的なドレッシングがマヨネーズです。原料はオイルと卵、ごく少量のビネガーのみ。日本のマヨネーズはかなり酢を加えてのばしますが、フランスのマヨネーズはがっちり固まっています。これをビネガーでさらにのばしたり、マスタードを加えたりして、調味料、ドレッシングなどとして使います。

酢が多く入った日本のマヨネーズもいくら時間がたっても分離しません。これは卵黄に含まれるレシチンという物質の働きによるものです。レシチンは親油性を持っており、乳化してきれいに並んだ水と油の粒子を「互いに手をつないだ状態」にしてしまうためです。

ほかに乳化を利用したものとして一番身近なのはフレンチドレッシングでしょう。オイルとビネガーを合わせて塩を加えただけのシンプルなドレッシングです。

ビネガーよりオイルがやや多めなほうが乳化しやすくなります。小さなボウルにオイルと酢を入れて、小さな泡立て器をボウルの底につけたまま、まだ分離している酢の同じところを左右にすばやく動かすようにしていくだけです。するとボウルの中に対流が生まれ、油が一列になって行儀よく酢のほうに入り込んでいくのがわかります。油を酢の中に呼び込んでいく感じ。そのうちにうんと細かい空気の泡が出てきて白濁し、とろみがついてきます。これが乳化です（口絵8ページ参照）。ドレッシングというのは、酢を油でマスキングして酸っぱさを和らげるもの。サラダにかけるとむやみに酸っぱいドレッシングは、酢が多すぎるというよりも、油と乳化していないせいです。

マヨネーズは乳化の仕方が違うので、ドレッシングほど手早く作らなくてもだいじょうぶです。この場合は溶いた卵黄の中に、オイルを行列させて呼び込んでいくようにして、マヨネーズの小さな島を大きくしていくような感じです。自分で作ったマヨネーズは非常に口どけがいいのが特徴です。お好きな味つけで楽しんでください。塩だけ、レモン汁、ワインビネガー、しょう油、わさび、柚子胡椒、ガラムマサラなどなんでも使えます。野菜だけではなく、肉や魚のソースとしてもすぐ使えるものがいくらでも簡単にできますよ。

「出し」をきかせても減塩にはならない

さまざまな出し＝旨味の「正体」とは、いろいろな種類のアミノ酸類です。昆布、シイタケ、カツオ節、鶏ガラといった材料に含まれているグルタミン酸、イノシン酸、グアニル酸などです。

けれども、この旨味成分は、別に昆布やカツオ節、シイタケだけに含まれているものではありません。

洋食ではトマトやタマネギは重要な「植物性旨味成分（グルタミン酸）」、肉を「動物性旨味成分（イノシン酸）」として利用しているのです。

日本の乾燥昆布やカツオ節は独特なもので、香りは違いますが、成分として見れば、海外の料理にも同じ成分が昔から使われているということです。

食材に含まれる旨味成分

グルタミン酸が多いもの（植物性）	昆布、トマト、タマネギ、セロリ、長ネギ、生姜ほか
イノシン酸が多いもの（動物性）	煮干し、カツオ節、サバ、その他の肉類など
グアニル酸が多いもの	シイタケなどのきのこ類

「トマトの味噌汁」が意外においしかったりするのは、トマトに含まれるグルタミン酸が、味噌汁に旨味を加えてくれるからなのです。

和食は植物性の昆布出しのグルタミン酸と、動物性の煮干しなどのイノシン酸を組み合わせて使うことが多く、洋食はトマトやタマネギなど植物性の野菜に含まれるグルタミン酸と、肉のイノシン酸を組み合わせて使うことが多いと言えるでしょう。

これらの旨味は「おいしさをリッチにする」ためには、非常に有効なものですが、旨味成分が多くなるほど、人間の舌は「塩」を求めます。

おなじ酸味でも、レモンを使うドレッシングと、酢を使うドレッシングの場合、酢を使った場合のほうが塩が多く必要になります。これは酢に豊富な旨味が含まれているからです。

つまり、野菜や肉からしっかりと「出し」が出る筑前煮に、さらにカツオ出しや昆布出しなどを加えると、旨味の成分が必要以上に多くなりすぎて、結果的に塩を多めに入れないと味がぼやけてしまうということになります。

たとえばある京都の料理店で聞いてみると、「出しには真昆布を使っています」ということでしたが、真昆布というのは、同じ昆布でも羅臼や利尻と比較すると、香りはおだやかでクセのないあっさりとした出しがとれます。料理によっては物足りなさを感じるくらい上品な出しですが、これを使ったお吸い物は、塩の量が少なくても旨味がじゅうぶんに感じられます。大阪は濃厚な昆布出しを使う店が多く、そのぶん塩も多く使っています。

家庭料理で考えれば、「出しの入れすぎ」は結果として塩分を多く必要とすることにもなるということです。

もうひとつ「出し」と「塩分」について、知っておいていただきたいことがあります。「出しを入れると塩分を控えられる」という通説の落とし穴についてです。それは「ナトリウム」の問題です。出しのベースは、さきほどご説明した通り、昆布のグルタミン酸、カツオ節のイノシン酸などですが、正確に言うと、これらはグルタミン酸ナトリウムやイノシン酸ナトリウム、つまりナトリウムと結びついた形で存在し、体内ではグルタミン酸とナトリウムに分解されてしまいます。市販されているうま味調味料は工業的に作られたグルタミン酸ナトリウムそのものが主原料です。

健康のために塩分を控える理由は、血中ナトリウムの濃度が高くなるとそれを薄めようとして血液中に水分が取り込まれ、その結果血管に負担がかかり血圧が上がる、とされるからです。

それを防ぐために「減塩」を目指して、塩辛いものを控え、「出しをきかせて塩分を控えよう」としても、出しそのもののにも、ナトリウムが含まれていることを忘れてはいけません。

「出しをきかせれば減塩になる」というのは、先ほど説明したとおり「出しを入れるほど塩味がほしくなる」点、さらに「出しそのものにナトリウムが含まれる」点、双方の観点から、むしろまったく逆効果になりかねないのでご注意ください。

126ページでも触れた筑前煮なども、昆布やカツオなどの「出し」を入れる必要はありません。鶏肉も、野菜も、もちろんシイタケもさまざまな旨味をたっぷり持っているのですから、肉の水分を保てるようにあらかじめ弱火で火を通し、また野菜類も弱火で火を通してから合わせて、短時間煮て、少量の調味料をからめるていどでいいのです。

鶏肉は弱火で6～7分焼きます。野菜類は弱火で10分ほどフライパンで肉とは別に加熱してから日本酒と砂糖を入れて5分ほど煮てアルコールを飛ばし、肉と野菜を合わせたら、水、塩、しょう油を加えてアルミホイルでフタをして5分弱火で煮ます。煮汁がほとんどなくなったら10分ほどおいて味をなじませれば完成。

肉と野菜などの全体の重さが400gほどの場合（2人ぶん）なら、使う水は50g、日本酒50g、砂糖6g、塩1g、しょう油小さじ2（10cc＝塩分量は約2g）。

塩分量は塩としょう油を合わせても3gだけです。

けれどここにカツオ出しなど多く入れてしまうと、人間の舌はもっと強めの塩を要求します。味がぼやけ、物足りなく感じて塩やしょう油を増やしてしまう。結果的に塩分量がかなり多くなってしまうのです。

出しを加えず、食材からの旨味をじゅうぶんに引き出して調理すれば、同じ塩の量でも、物足りなさはまったく感じません。

ホワイトルーは「小麦の旨味」を味わうもの

出しはカツオ節や干しシイタケ、昆布からだけ出るものではない、ということをご説明しました。肉からも魚からも、野菜からも「旨味のもと」になるアミノ酸類はたくさん含まれています。これをうまく引き出せば、必要以上にカツオ節や昆布の出しを使わなくてもおいしい家庭料理は作れるということです。山盛りの削り節を入れれば、たしかに旨味は増えますが、カツオ出しの味がはっきりわかるようでは、それは「出し」ではなく、「カツオ味の料理」になってしまいます。出しとは「カツオ味」「煮干し味」「昆布味」「シイタケ味」の調味料ではありません。

ホワイトルーやブラウンルーを使ったシチューの場合にも、「出し」=「旨味」のもとがあります。それが「ルー」ですが、どちらも小麦粉から作るものです。実はこの小麦粉が「旨味」です。小麦粉に含まれるタンパク質の旨味をじゅうぶんに引き出したのが、ホワイトルー、ブラウンルー。小麦粉から作るパンもまた、小麦粉の旨味を生かしたものです。

おいしいルーを作れるようになれば、家庭でクリームシチューなどを作るときに、市販のコンソメなどはまったく不要です。

洋風出しの代表のひとつとして、ホワイトルーの作り方を紹介しておきます。

レシピ 小麦の旨味を引き出したホワイトルー

材料

●薄力粉……20g●無塩バター……20g●牛乳……500g

●塩……4g●タイム……1枝

作り方

①バターを鍋に入れて、超弱火（とろ火）にかけ、かき回さずにじっと溶けていくのを見守る。泡が出てきたら、鍋を火からはずして余熱で溶けるのを待つ。

②バターがすっかり溶けたら薄力粉を全部入れ、木べらでなめらかになるまで混ぜ、

そのまま5分おいておく。

③鍋を弱火にかけて木べらでゆっくりと混ぜ続ける。ねばねばした感触だが、加熱しながら混ぜ続ける。

④泡がポツポツと出てきて、少しザラッとした感触になる。

⑤さらにふつふつとルーが泡立ち、泡が大きくなりかけたらすぐに火からはずして混ぜる。泡がおさまってきたら、再び弱火にかけて混ぜ続け、また泡が大きくなったら鍋を火からはずして混ぜ続ける。

⑥これを繰り返すうち、ルーは「さらさらの水溶液」状態に近づく。鍋を傾けるとさらさらと流れるくらいになればよい。粘りがなく、水溶き片栗粉のようなシャバシャバ感で、シルキーな光沢が出てきたらＯＫ。濃度の高いグラタンなどに利用する場合は、「さらさらシャバシャバ」の少し手前でストップ。

⑦牛乳と塩を全部⑥に入れる。

⑧弱火〜弱めの中火で、木べらを泡立て器に持ちかえて、しっかりとよく混ぜる。

⑨混ぜながら加熱を継続、沸騰して少し濃度が出てくるまで続ける。適度な濃度が感

じられるようになったらタイムを入れる。

⑩弱火で混ぜながら、さらに10〜15分加熱（⑨の鍋ごと150度のオーブンで20分加熱してもよい。オーブンを使う場合は10分たったとき一度混ぜて、さらに10分加熱する）。タイムを取り出して完成。

ここで大切なポイントは、

- **バターをうんとゆっくりと溶かすこと**
- **バターと小麦粉を合わせたら、そのまま5分おいてなじませる**
- **シャバシャバになるまで、混ぜながらゆっくり加熱を続ける**
- **最後にしっかりと火を入れる**

特に、最初の２つを絶対に省略しないことです。

最大のポイントは、この手順によってバターと粉を65度前後で混ぜ合わせることです。

65度で双方を合わせると、その後熱を加えて炒めていく際、良い状態ででん粉老化とグルテンの切断ができ、サラサラの状態になりやすいのです。このポイントさえおさえておけば、失敗することはありません。

最後に弱火またはオーブンで加熱するのは、パンを焼き上げる工程と同じです。加熱前の段階のルーは、見た目はなんとなく完成していますが、いわば焼き上げる前のパンの生地のようなもの。最後に火を入れることで、小麦粉の旨味がじゅうぶんに引き出せるのです。

このルーは冷凍保存もできますから、ぜひ時間があるときに作ってみてください。

ホワイトルーは、小麦粉の旨味を味わうもの。小麦粉は、牛乳にとろみをつけるために入れるものではありません。

肉や野菜を炒めたところに、最後にこのルーを加えてしばらく加熱すれば、さらりとしていながら適度なとろみがあり、小麦粉の旨味がじゅうぶん味わえるホワイトシチューになります。

なお、グラタンを作る際には、作り方の⑥で濃度が「サラサラ」になりきらず、まだトロトロしているうちにストップして、⑦～⑩の工程に移ってください。さらりとした口当たりのグラタンを作るつもりなら、シチュー用と同じルーでも問題ありません。

3章

切り方の新法則

正しく使えば包丁は研がなくてかまわない

包丁は安いものでじゅうぶん。研ぐ必要もありません

老舗刃物店の棚に並ぶすばらしい刃物の数々は、料理をしない人が見ても美しいものです。まして、料理に興味がある人ならばなおのこと「いつかは……」とあこがれるものでしょう。うっかり高い出刃包丁を買って帰ってから、「あなた、魚おろしたことなんかないじゃないの」と奥様に叱られたという男性の話を聞いたこともあります。でも、買ってしまいたくなる気持ちはよくわかります。プロ用の調理器具というのは、本当に美しい機能美にあふれたものが多いですから。

ただ、包丁さえよければ魚の薄造りが上手に作れたり、魚がいきなりおろせるようになるわけではないのは、おわかりの通りです。

これはいつもみなさんに言っているのですが、家庭料理に使う包丁は、ごく安いものでじゅうぶんで、ほとんどの場合は研ぐ必要もありません。教室で使っているものも安いもので、料理教室を開いて以来、研いだことなどありません。

スーパーで1000円以内で買える万能包丁1本あれば、何年でも使えますし、正し

い使い方をしていれば、研ぐ必要はないのです。むしろ家庭で研ぐと刃が曲がり、かえって切れ味を落とすことがほとんどです。刃の曲がりが食材の断面との間に摩擦を生み、その結果、食材の細胞を押しつぶしてしまうのです。

最低限必要なのは、刃がまっすぐであること。包丁の刃を横にして、平らなまな板の上に置き、刃とまな板の間にまったくすき間がない、という状態が「刃がまっすぐ」という意味です（190ページの写真参照）。

少しでも反っているところがあったら、これは取り替えてください。わずかな刃こぼれていどは気にしなくてもだいじょうぶです。

よく「切れない包丁はかえってあぶない」と言う人がいますが、それは包丁のせいではなくて、普段の使い方が間違っているからです。

そもそも包丁というのは、力を入れて使うものではありません。

せっかくですからこの機会に、包丁の持ち方を見直してみてください。

包丁のチェック①

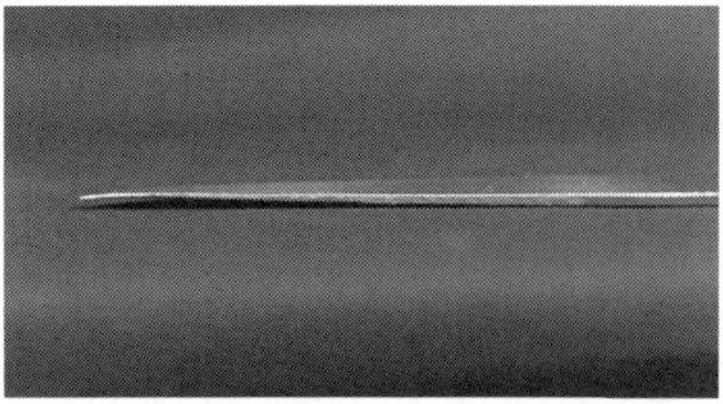

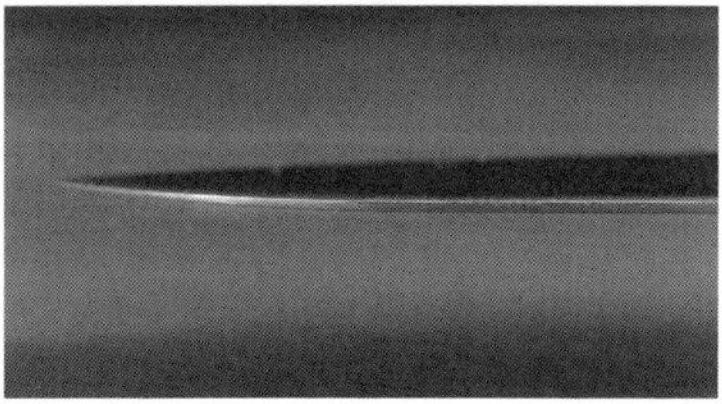

刃が曲がっている

包丁の刃の部分を平らな場所に置いて横から見る。写真の包丁は台と刃の間にすき間があり、刃先も反っているのがわかる。

刃がまっすぐ

すき間がまったくなくぴたりとついている。刃がまっすぐに保たれている。

包丁のチェック②

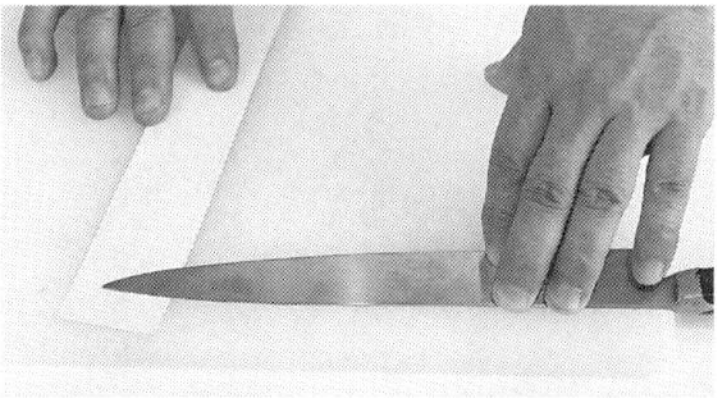

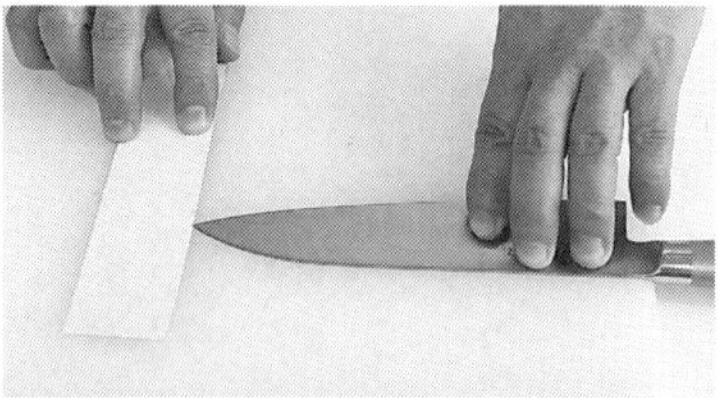

紙が1枚入る

横から見てもわからない場合は、刃を平らな場所に置いて、切っ先にコピー用紙などを1枚あてて滑らせる。すき間があると写真のように刃の下に入ってしまう。

紙が1枚も入らない

刃がまっすぐなら、紙1枚も入らない。

包丁を3本の指だけで持ってみましょう

ここからは194ページの写真も参考にしてください。

包丁の持ち方というと、包丁を持つ手のほうではなく、食材を押さえる手のほうばかりに注意が向けられがちです。「指先を曲げて猫の手のようにして食材を押さえれば、刃で手を切らずにすむのよ」と、子どものころ家庭科の先生や、お母さんに教えてもらった人も多いでしょう。

ただ「どうやって持つのか」「どうやって刃を動かすのか」をちゃんと教えてもらった人はあまりいないのではないでしょうか。

本当はお箸と同じように、包丁も「持ち方」がとても大事です。

まず、知ってほしいのは、決して包丁を強く握りしめないことです。それこそ、お箸を持っていどの力で持ち、そのままの力で、包丁の重さを使って食材を切るのです。

こうすると、食材の細胞を押しつぶすことなく切ることができます。実は正しい切り方をすれば、タマネギのみじん切りを作るときも涙が出ることはほとんどありません。

つまり、細胞をつぶさずに「小さな角切り」を作ることができるからなのです。

水分が流れ出ることなく、栄養素を逃がすこともなく、さらには切った食材の断面が荒れていないので、加熱調理しても崩れにくく、しかも日持ちがします。

まず、利き手の3本の指（親指、人さし指、中指）だけで、包丁の柄を持ってみてください。

まず、親指とひとさし指で、柄の一点を左右からはさむように持ちます。

2本指で持ったら、中指は自然に曲げて包丁を下から支えてください。

薬指と小指は柄にかけず、手のひらのほうに軽く握り込んでしまってください。

慣れない人にとっては、不安定で心もとなく、力が入らない感じがすると思いますが、それでいいのです。包丁というのは、「刃の重さ」をうまく利用して食材を切るものです。手や腕の力が入らないようにするために、3本の指で持つわけです。

剣道の竹刀も、竹刀の柄を両手で握りしめるようなことはしません。竹刀は利き手が右の場合、左手を主に使いますが、「傘を持つような感じで」とか「握手するように」などと表現されますが、両手でガッチリ柄を握る、ということは絶対にありません。

また、ビリヤードをする方なら、キューの持ち方を思い出してみてください。上手な人は、ごく軽くキューを握っています。キューの場合は主に親指と中指でグリップを持ってあとの指は添えるだけ、というのが正しい持ち方とされています。

つまり、包丁も竹刀もビリヤードのキューも、軽く持つことによって、器具の重さをうまく利用して、対象にうまく力を伝えることができるのです。ムダな力を抜く、ということが、いずれにも共通しているのです。

包丁の持ち方を教えるというと、どうしても「手を切らないように」と、食材を押える手の指先ばかりを「隠す」ことを教えがちですが、一番危険なのは「力を入れすぎること」なのです。まず、安全のためにも、「正しい脱力」を覚えてほしいと思います。

正しい姿勢、正しい高さで切る

研いでいない刃で、しかも力を入れずに切ることなんかできるの？　と思うかもしれませんね。

包丁の持ち方

**包丁は３本の指で持ち、
できるだけ腕の力を使わず、
包丁の重さを利用して切ってみてください。**

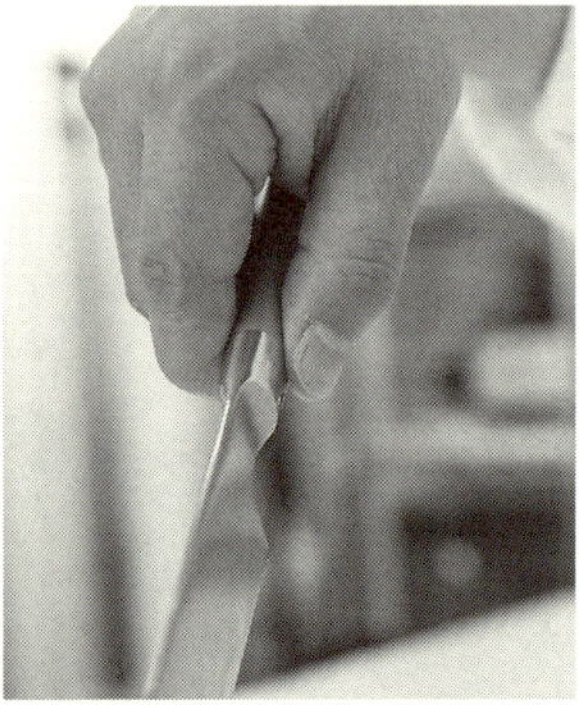

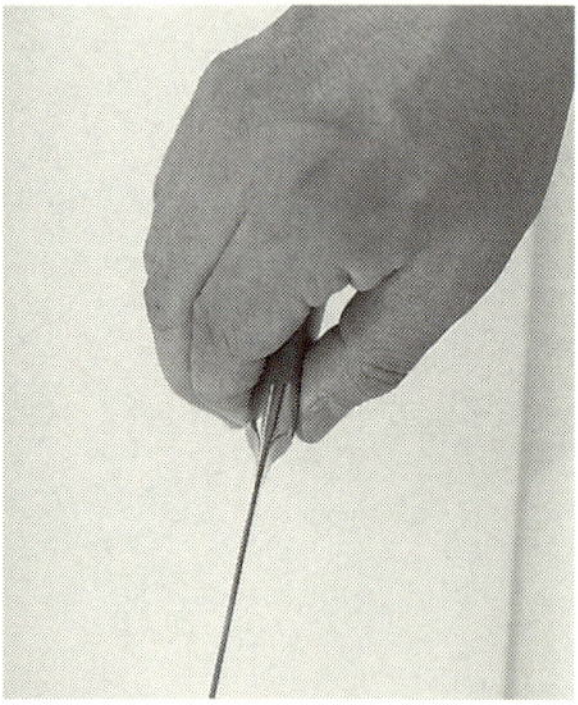

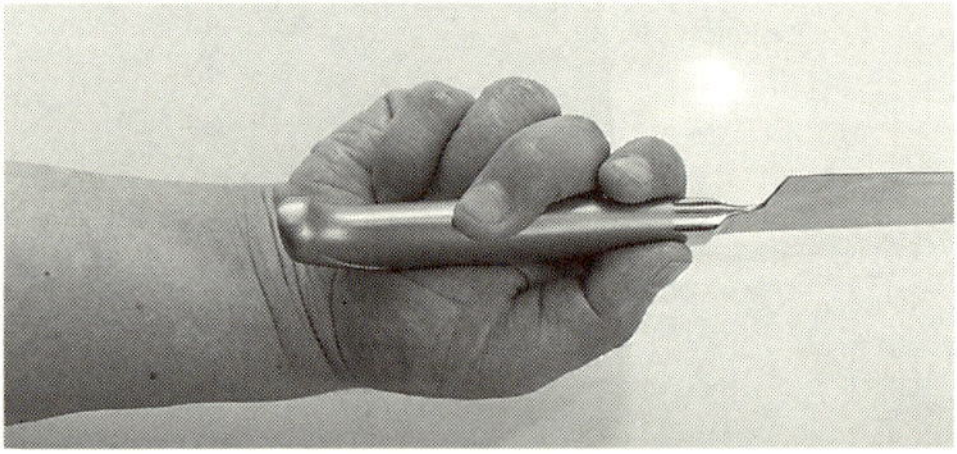

包丁は、親指と人さし指で、柄の一点を左右から挟むようにして持ちます。人さし指を刃の背にかけたり、親指よりも前に出したりするとよけいな力がかかります。中指で柄を下から自然に支えるようにして、ほかの２本の指は握り込んでしまってください。この持ち方は「力が入らないようにするため」のものです。薬指と小指は軽く柄にかけていてもいいのですが、つい力を入れて握ってしまうので、慣れるまでは、あえて使えないように隠してしまったほうがいいでしょう。

立つ姿勢

台に対して45度の角度で立ちます。包丁を持っている手が右手ならば、台に向かって、右斜めの方向に体を向ける感じです。

切る角度

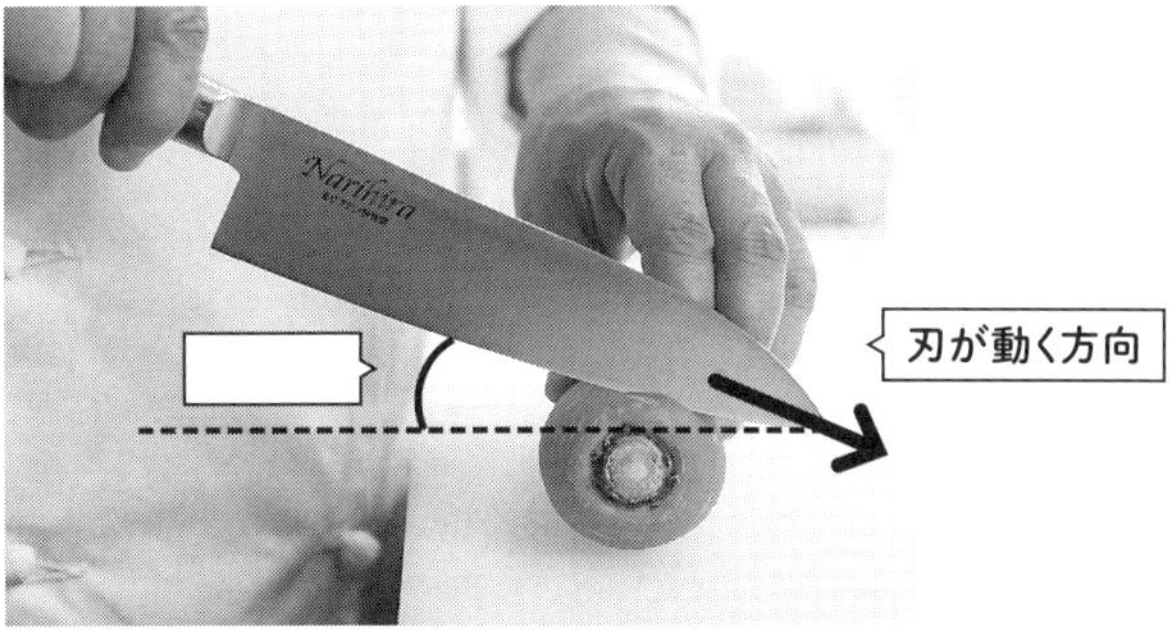

約30度の角度で、前方、斜め下に向かって切り込んでいきます。刃のカーブを利用しながら包丁を前方に進めます。1回で切れないものは、無理をせず、切り口をなぞるようにして刃を手前に戻し（食材は切らない）、再び同じ軌道で刃を動かします。

まずはまな板の前に立つ前に、この持ち方に少し慣れるようにしてみてください。

つぎに「切る」作業について説明します。（194〜195ページの写真参照）

まず、正しく疲れずに切るためには、まな板の「高さ」も本当はすごく重要です。洗い物をするときなどでも、シンクの位置が身長に比して高すぎたり低すぎたりすると、腰が痛くなったりしますが、まな板の高さもなるべく適切なものに調節してください。

高すぎる場合は、足元に低い台を置き、低すぎるのならばまな板を2枚重ねましょう。

まな板の前に立ち、両手のひらを下にしてまな板に置いてみてください。そのとき、両手の肘が直角に近く曲がって、両肩が少し上がってしまうようならまな板の位置が高すぎ。ほとんど肘が伸びてしまうようだったら低すぎです。

肘がごく軽く曲がった状態で両手のひらをまな板に置ける高さならばバッチリです。

この高さだと、疲れにくく、作業がしやすく、しかも力が一番効率よく伝わります。

そして3本指で軽く包丁を持ってまな板の前に立ってください。背中を丸めずに姿勢よくお願いします。

そして、まな板に対して45度ぐらいの角度で半身になって立ちます。右手に包丁を持っていれば、右半身を後ろに引く形になります。まな板と体の距離は空けず体が台に触れるくらいに。

とりあえず、キュウリやニンジンを用意して実際に切ってみましょう。

正しい刃の位置で、正しい角度で切り込む

包丁の刃には、テニスラケットや野球のバット同様に「ここにあたれば少ない力でももっとも大きく力が伝わる」という場所があります。それがスイートスポット。包丁の刃のスイートスポットは、「包丁の刃先から指2本ぶんの位置」から「刃の長さの中央にあたる位置」までの、約3～4センチの部分となります。

さて食材を切りましょう。3本指で持ったまま正しい姿勢で立ったら、食材に対して約30度ぐらいの角度で刃をあててください。（195ページの写真参照）

そのとき、右肩が上がらず、肘から手首、包丁の刃がだいたいまっすぐになる感じならば、台の高さもちょうどいいということです。手首はまっすぐといっても、ガッチリ

固めるのではなく、横から見れば少しだけ自然に曲がっている、という感じです。包丁を持った手の小指側の手首に強くシワが寄ってしまうようだと、手首の曲がりすぎです。

いよいよここから切り込みます。包丁に力を入れるのではなく、手首の動きで包丁が前方に送り出されていく感覚で、刃のカーブに沿うように少しスイングするような動きで刃を前方に進めます。

刃を引くときには、食材を切らず、切り口をなぞるように戻してください。

これが「正しい切り方」です。テレビなどで「料理上手」と言われる人の切り方を見ていると、包丁を高速でトントンと上下に動かして、あっという間に薄切りや細切れができていくように見えますが、ほとんどの場合それは「食材をつぶす」切り方です。食材とまな板を「叩いて」いる切り方になってしまっているのです。

包丁の刃は押しても切れません

本当に上手な人は、高速でまな板を叩いているように見えても、ちゃんと刃を滑らせ、あるいは刃の曲線を利用してスイングさせるようにして切っています。つまり食材を押しつぶして叩き切っているわけではないのです。

この包丁使いに慣れると、トマトのトロトロの種の部分さえも「角切り」にできます。キュウリやニンジンのつぎはトマトにぜひ挑戦してください。

たしかにトマトの皮はちょっと刃が入りにくいものですが、それでも、さきほど説明したように、刃のスイートスポットを皮にあてて静かに30度の角度で切り込めば、刃を前に滑らせただけでちゃんと切れます。一度で切ろうとして、力を入れたり、上から押したり、人さし指を刃の背にかけるのは絶対にNG。「包丁の重さをうまく利用して切る」ことです。ふたつに切ってしまったら、あとは皮のない側から切れば、さらにラクに切っていくことができます。

これは何年も使っている、あまり切れ味がよくない安い包丁でもまったく違いはありません。

もちろんキュウリより固いサツマイモやカボチャなどを切る場合には、当然「刃の重さ」だけでは切れません。当然素材に応じた力の加え方が必要になりますが、基本的な姿勢や刃の動かし方は同じです。

逆に、うんとやわらかく見えるパセリやシソなどを切る場合ですが、これもまったく力の入れ方は同じです。パセリやシソのみじん切りというと、最後はどうしても上からトントン叩いてしまうというイメージが強いと思いますが、真上から叩くみじん切りは、食材の細胞を壊して水分をどんどん外部に押し出し、まな板が緑色に染まってしまうことになります。包丁の刃をまな板と平行にして、刃先と柄を両手で持ち、刃で上から叩くという方法だと、必ずそうなります。食材の内部に水分や旨味、栄養素を保持したまで切るには、こうした場合でも、ちゃんと基本を守って食材に対して刃を前後に動かして切るのが正解です。包丁の先のほうを左手で押さえて基点にし、右手で横向きに持った包丁を上下に動かしながら扇状の範囲を切っていくという方法も一般的です。この方法だとどうしても、刃で食材をつぶしてしまうのでは、と思うかもしれませんが、プロは左手で刃を押さえてはいても、それはごく軽く手を添えているだけです。押さえてはいるものの、刃は上下しているだけではなく、同時に左右に「スイング」している状態になっているのです。つまり、刃の曲線を利用してその動きを生み出しています。決して「上から押す」ことで切っているわけではありません。

こうした動きで食材をみじん切りにすると、水分が出ないのでパセリだろうがシソだろうが、まな板は緑色に染まることがありません。

これが細胞をつぶさず、食材内の水分、栄養素を流出させない切り方ということです。

野菜よりやわらかい肉は、さらに力を抜いて切る

この原則は野菜だけではありません。肉を切る場合も、魚を切る場合もまったく同じです。

肉が切りにくい、特に鶏の皮はいくら切ってもちっとも切れない！　という方も多いのですが、実は、肉の繊維というのはそもそもほとんどの野菜よりもやわらかいのです。もちろん部位によっては固い部分もありますが、鶏の胸肉、モモ肉などは特にやわらかです。それが「切りにくい」と感じる原因は、すべて力の入れすぎによるものです。たしかに、肉は包丁をあてて上から体重をかけてもなかなか切れるものではありません。

お坊さんの修行などで、日本刀の刃の上に裸足で立つ、なんていうシーンを見たことがありませんか？　刃物というのは、対象に対して垂直に押してもなかなか切れず、動かしたときに初めて切れます。刃物の上を裸足ですり足で歩いたら、どんなに固い足の裏でもザックリですが、じっと上に立っているだけならば切れないのです。カッターの刃を指の腹で押すだけでは切れません。ちょっと滑ったときに、皮膚が切れてしまいます。

包丁で肉を切るときもまったく同じです。

皮付きの鶏のモモ肉を一口大に切る、というシーンはご家庭でもよくあると思いますが、「切りにくいから最初から唐揚げ用に切ってあるものを買ってしまう」という方はぜひ一度試してみてほしいのですが、野菜を切るときとまったく同じように、力を入れず、正しい角度で切り込んでみてください。一度で切る必要はありません。数回、スイートスポットで30度の角度で切り込んでいけば、力を入れなくても肉は切れます。皮だけを切る場合も、力を入れてギュウギュウまな板の上で皮をこするようにすると、皮は切れないわ、まな板は傷だらけになるわ、ということになります。包丁を3本指で持ったまま、そっと刃を滑らせてください。前に、前に、と刃の曲線を生かしながら数回動かせばきれいに切れます。

「つぶさない切り方」と「つぶす切り方」はまったく違う

料理にかなり慣れている方でも、包丁の使い方を見ると「残念！」と思う切り方をしているケースがよくあります。まずは、３本指で持つ、スイートスポットで切る、そして普段よりも少し包丁を立てる気持ちで、包丁の重みで切ることを試してみませんか？

これも科学調理のひとつ。化学や生理学ではありませんが、物理学、特に「力学」を応用した「正しい切り方」の理屈です。

ただ、目的によっては、食材の香りを強く出したい、というケースもあります。

この場合はあえて「繊維をつぶして水分や香りを出す」という切り方をします。フランス料理では、細胞をつぶさずに旨味を重視するみじんぎりをシズレ、細胞をつぶし香りを重視したみじん切りをアッシェと呼び、厳密に区別しています。

ご家庭で一般的に「トントントントン」とやるみじん切りは、細胞をつぶしたアッシェになっています。そのため、玉ねぎのみじん切りでたくさん涙が出てしまうのです。細胞を押しつぶさずに小さい立方体を作るように切れば（シズレ）、涙はほとんど出ません。

けれどもペペロンチーノを作る場合は、ニンニクの香りをオリーブオイルに移すことが目的ですから、この切り方で正解です。ニンニク一片を押しつぶしてから加熱するところがあるのも、香りをより強く出すためです。

同じ食材であっても、ふた通りの切り方で用意して、ひとつの料理に使う場合もあります。

魚のカルパッチョは断面が多少ギザギザなほうがいい

食材を押しつぶす方法で切ったほうがいいケースとしてもうひとつ代表的なものをあげれば、魚のカルパッチョでしょう。カルパッチョは新鮮な魚を薄く切り、塩とオリーブオイルをかけて短時間おき、すぐに食べるという料理です。この場合、魚の薄切りは多少細胞が壊れた状態のほうが向いています。つまり、断面が荒れているほうが味が入りやすく塩がなじみやすいということ。魚の刺し身は「引き切り」(刃を引くときにだけ切る)のほうがいいと言います。引き切りのほうが、より力が入りにくいので、魚の組織を崩さずに切れるわけですが、カルパッチョならば押すときに切っても問題ありません。不慣れで、魚の身が崩れてしまっても、極端な厚切りでなければだいじょうぶ。表面に味がしみやすくなっているから「正解」なのです。

ただし、この方法は「すぐに食べる場合」です。細胞をつぶしてしまう切り方をすればそれだけでも水分が流出し、そこに塩が入れば当然浸透圧によってさらに水分が外に出ていきます。水分が多く出てくるということは外部からの雑菌の繁殖リスクも高くなります。味はしみやすいけれど、時間がたてば風味、香りも落ちやすいということ。だからこそ、カルパッチョは、食べる30分~1時間ていど前に切って味つけし、冷蔵庫で冷やしてすぐ食べるべきものなのです。

逆に「時間をおいてから食べたい」「翌日も翌々日も保存して食べたい」ということであれば、マリネが最適ですが、この場合には素材をつぶさない切り方をする必要があります。切るときに細胞をつぶさずに水分を内部に保持することで、味がしみ込むには少し時間がかかるけれど、シャキッとした食感が長く残り日持ちもする、という効果を生み出してくれます。

切り方ひとつで、味、栄養素、日持ちも違ってくるのです。

家庭の台所から聞こえてくる「トントントントン」というリズミカルな包丁の音は、なつかしいものですが、本当は、「トントン」よりも「無音」または、「サクサク」のほうが、出来栄えの上では、ワンランク上、ということになります。

あまり厳密に考えすぎる必要はありませんが、普段の包丁の持ち方をちょっと変えて試してみてください。意外なほどの「爽快感」にビックリすると思います。

4章

調理器具の新法則

高い鍋より電卓と温度計を買えば料理はうまくなる

調理器具はこれだけでじゅうぶん

僕の料理教室に特別なものはありません。ほんのいくつかはプロ仕様のものもありますが、ほとんどすべてがみなさんのご家庭にあるものと同じです。

テフロン加工のフライパン、ステンレスの鍋、オーブンも家庭用のもの。コンロは据え付けのものもありますが、生徒さんがみんなで調理を始めると足りなくなりますから、不足分は食卓でおなじみのカセットコンロを6つぐらい用意しています。あまりひんぱんには使いませんが魚焼きグリルはガス台に付属のもの。包丁もたくさんありますが、全部ごく普通の安価なもので、基本的には1種類だけ。ほかにはごく当たり前のおたまやトング、菜ばし、ステンレスのボウルやバット、焼き網など。

調味料をあらかじめ量って入れておくための小さいガラスの器は、100円均一のものをたくさん用意しています。

ご家庭であまりなじみがないものとしたら、せいぜいガスパッチョを作るときなどに使う「ムーラン」という「手回し式濾し器」のようなものぐらいでしょうか。ゆでた野菜を裏濾しするなどに使うものです。ミキサーほどトロトロになりすぎず、やや粗く濾して、サラッと仕上げたいときに利用します。ただ、これがなければできない、という料理はありません。

ほかには小型のブレンダーぐらいのものでしょうか。

ほかに、狭い教室で目立つものといったら、生徒さんの数よりずっと多いタイマー。ほかには、電卓やデジタル式のはかり、水や油用の温度計、オーブン用の温度計といったところでしょうか。

僕は調理器具は、単純なほど使いやすいと思っています。身近な店で手に入るごく一般的なものだけでじゅうぶんです。

機能が多すぎる調理家電で「料理脳」が働かなくなる

それにしても最近の電化製品は、実にいろいろな機能がついています。オーブンひとつとっても温度調節機能やデジタル表示、タイマーはもちろん、グリル機能、電子レンジとのコンビ機能、スチーム機能に、火力の自動調節機能、使用後の庫内を冷ますためのファン、さらには、声でお知らせする機能やスマホとの連携機能まで！

ただ、生徒さんたちの話を聞くと、こうした機能つきのオーブンを持っていても、ほとんどの機能は「使ったことがない」といいます。

それだけならいいのですが、なまじ機能がついているせいで、調理中に温度を自分で調節しにくい、切れてほしくないときにサーモスタットが働いてオフになってしまう、といった「不便」も出てきます。サーモスタットがついているのは、焦げすぎの防止や安全に配慮してのことでしょうが、「ここはもうちょっと焦げ目をつけたい」というところで「オフ」になり、しかも、しばらく庫内温度が下がるまで再びオンにできない、ということもあります。これは、オーブントースターでもよく同じことが起きます。

メーカーも新製品を出すとなれば、なにかしらの新機能は必要だと思うのでしょう。つぎからつぎへと「独自機能」がつき始めると、ごく普通の料理を作るときにかえって不都合が生じてしまうことも、しばしばあるものです。みなさんからも「使いこなせない！」という声はよく聞きます。

こうした調理家電の機能の中には、もちろん時短につながる便利な機能もついているようで、フルに使いこなせれば「便利！」という人もいると思います。

しかし、こうした家電は、結局、新しいオーブンに説明書といっしょにおまけでついてくる「レシピ本」の通りに作る料理しかできなくなってしまうことが多いのです。

こういう傾向は、「いかがなものかなあ」と思うのです。僕は新しい調理家電のおかげで料理の幅や応用範囲が狭められているようにしか思えません。

スチーム機能がついたオーブンやオーブントースターも、悪くはないと思いますが、パンの温めやトーストならば、これはプロもよくやりますが、あらかじめ霧吹きで水を吹き付けてから焼けば、それでいいではないか、と思うのですが。

さまざまな機能がついた調理家電にたよりすぎることは、お料理が上手になりたいと思う人にとっては「料理脳」というべき発想力や想像力、思考力を奪ってしまうように感じてなりません。

オーブンの温度は自分で測って確かめよう

旧式のオーブンというのは、温度設定もできず、サーモスタットもついていませんでした。しかも、それぞれのオーブンによって「クセ」があり、上火が強いとか、下火が強いとか、部分的に温度が高くなるところがある、とかいう「不安定さ」もあったものです。だから家庭の主婦たちは、「うちのオーブンは上火が強いから、あるていど火が通ったら天板を下段に移したほうがいい」といった工夫をしました。こうした工夫はどうしても失敗や経験に学ばざるを得ませんでした。だからこそ「経験のない人でもだいじょうぶ」という新機能がつき始めたわけです。

たしかに温度設定や時間設定ができるようになったことは、非常に便利です。

ただし「オーブン加熱の法則」の項で書いた通り、表示される「設定温度」というのは、実はけっこういい加減なことが多いのも事実です。「120度に予熱」とセットして「ピピピ」と音が鳴れば庫内は120度のはずですが、実際に測ってみると110度しかない、ということはざらです。知っている限りでは、設定温度と実測値が20度以上も異なっていたケースがありました。

料理で、「加熱温度」はたいへん重要な要素で、そこが10度も20度も違う、というのはときには「大失敗」につながることがあります。「ちょっと焦げすぎ」ていどではすまないことも多いのです。

どんなオーブンであれ、まずは「オーブンメーター」を買うことをおすすめします。オーブンの中の温度を測るだけのシンプルなもので、1000円前後の安いものですからぜひ！

オーブンの温度をこれでちゃんと測りながら調理をすると、それだけでも仕上がりに差が出るはずです。普段使っているオーブンの温度が設定より意外なほど低い、ということもあります。

なお、予熱は「庫内温度」が予熱温度になったらすぐやめるのではなく、そのまま10〜20分は予熱を続けてください。マンションの部屋の暖房を考えてみるとわかりやすいのですが、冷えた部屋で暖房をオンにして25度に設定した場合、その温度に達してすぐに切ってしまうと、室温はすぐに下がってしまいます。それこそ窓を一度開けただけで元通りに冷えてしまう。けれど、丸1日、25度を保っていると、暖房を切ってもそれほどすぐに温度は下がりません。空気だけではなく、床材や壁材、天井などもよく暖まっているからです。

オーブンもそれと同じことで、一定の温度を安定的に保つためには、かなり長い時間の予熱が必要なのです。特に家庭用のオーブンはただでさえ庫内も狭く、冷たい食材を庫内にたくさん入れたりすると、温度は一時的に下がりやすくなります。だからこそ、予熱はしっかりして内部まで温めておくことが必要なのです。調理中に扉を開けて温度が一時的に下がっても、素早く設定温度に戻ります。食材を入れた直後に温度がどう変化しているのか、といったこともオーブンメーターを入れておけばちゃんとわかります。

電子レンジは「未完の調理器具」

もうひとつ、さきほどから触れている「オーブンレンジ」であれ単機能のものであれ、多くのご家庭に普及した「電子レンジ」についてです。たいへん安く買えるようになり、学生さんの下宿にも、会社などにも置かれていることが多いようです。

電子レンジは電磁波を出すことによって食材内部の水分の分子を激しく振動させ、それによって温度を上げるという原理で加熱します。水分を含まないお皿などは加熱され、食材は内部からも加熱されていきます。お皿が熱くなるのは、加熱された食材の熱が直接伝わっていくためです。

たしかに温め直しなどには非常に便利だと思いますし、電子レンジを利用したさまざまなアイデア料理、電子レンジ加熱を前提とした食品も数多く、利用法は星の数ほど紹介されています。パスタをゆでたり、ゆで卵を作ったり、とこれまではあまり電子レンジ向きではないと思われたことにも対応できる「グッズ」もたくさんありますね。

限られた環境や時間の中でこれらを活用することにはもちろん賛成です。

ただ、僕自身は料理にはまったく使っていません。というのは、やはり電子レンジというのは、正直なところ、まだ未完成の調理器具だな、という印象を持っているからです。調理には、どんな場合も加熱方法がとても大切で、しかも「加熱の速度」が重要です。オーブンやフライパンなどを使う場合は、食材の重さ、表面積、そして温度と時間によって「食材への火の通り方」に、「法則」を見出すことができます。どの温度で、食材内部に何が起きるのか、どんな食材でもほぼ共通しているからです。

しかし電子レンジの加熱方法というのは「熱源」を使うものではありません。そのため、通常の加熱とはまったく違う法則が必要になるのですが、非常に急激に食材内部に熱が加わることに変わりはありません。電子レンジによる加熱では焼き色はつきませんが、焼き色がつかないからといって、内部が固くならないというわけではなく、表面は白いのに中はカチカチ、という失敗もあります。

「焼き色がつかない」という欠点を補うために、「オーブン機能、グリル機能」がついた電子レンジが登場してくるわけですが、かえって使い方が複雑になってきているように思います。「電子レンジで○分、その後グリル機能に替えて○分」「あらかじめ一連の作業をプログラムする場合はこのボタンを押して」など、説明書をそのたびに読まないと、たぶん新しい料理は作れそうにない気がします。

また、食材によって熱の伝わり方はまったく違い、「ごはんの温めはうまくいくが、パンを温めると失敗する」「肉を加熱するとあっという間にカチカチになる」「殻付き卵を入れると爆発する」「野菜の下ゆではうまくいくことが多いが、肉の解凍は失敗しがち」など、食材によって失敗するリスクが非常に高くなり、そのたびに「裏技」をネットで検索して、便利グッズなどを買うはめになります。

電子レンジ専用レシピを見ても、くわしいものほど、「○分何ワットで加熱し、2分たったら一度取り出して全体を混ぜ、さらに○分加熱、これを2回繰り返して、その後鍋に移して煮込み」と、結局鍋ひとつでやるよりも手間がかかるようなものが多いように感じます。手間をかけて5分時短になったとしても、あんまりいいことはないようにも思うのですが。

ワット数の設定、時間の設定が食材や温め直す料理によって違い、調節が非常にむずかしいという点で、電子レンジは手軽に見えてもかなり使いこなしが難しい調理器具ということになるのではないでしょうか。

やはり電子レンジ機能は、料理全般で利用するというよりも、自分の生活に合った便利な調理法に限定して使う、というのが一番だと思います。

中華鍋は「腕」に自信がなければ使わないほうがいい

中華鍋についても実は同じことが言えます。この鍋を使いこなすには、かなりの腕力を必要としますから、一般のご家庭向きとはあまり言えないのです。

よく「家庭のコンロは火力が弱いから中華料理はうまくできない」と言う人がいますが、これは正確ではありません。

たしかに中華料理店の調理を見ていると、大きく上がった火を前に、中華鍋を振り、そこで鍋を大きくあおって食材を中で舞わせるようにしています。

あんなに炎が高く上がるようなコンロは家庭にはありません。けれど、どんなに大きな炎が上がっていても、食材が焦げ付くことはありません。

しかし、鍋を振らず強大な火力のコンロの上に置いたままにすれば、食材はあっという間に焦げてしまいます。

つまり「中華鍋」というのは、非常に優れた調理器具ですが、それを扱う腕力と技術がないと、パフォーマンスを発揮することはできないものとも言えます。

なぜかと言えば、中華のシェフは、中華鍋を大きく振ってあおることによって、鍋の上部に熱のドームを作り出し、その熱の中に食材を放り込むようにして鍋を大きく振っているのです。「熱の中をくぐらせる」という方法で、どれほど強火でも鉄板に食材をじかに接触させる「熱板加熱」の時間を少なくして、表面だけが焦げたりすることを防いでいるのです。

その結果として、たとえば野菜炒めであれば短時間で歯ごたえが強く残る仕上がりになります。

僕は、『野菜いためは弱火でつくりなさい』という本を書いたことがありますが、これは「中華鍋を持っていない」「あるいは中華鍋は持っていても、自在にあおることができない」という一般の方が、最大限においしい野菜炒めを作る方法としておすすめしているものです。

これは「フライパン加熱の法則」の項でも説明していますが、当然ながら仕上がりは「同じ」にはなりません。できあがりの食感の強さでは「中華鍋強火式」で適切に作った野菜炒めに軍配が上がりますが、少し時間がたった場合の食感の残り方、水分が出ないこと、また、野菜自体の旨味については、「普通のフライパン弱火式」のほうが上です。

中華鍋ひとつでも、やはり「使えばそれだけでパラパラ炒飯ができる」「野菜炒めがシャッキリできる」というわけではないのです。野菜はどういうときにシャッキリするのか、炒飯はなぜパラパラになるのか、ということを理解した上で、家庭のコンロの環境や、自分の腕力、技術に応じて、器具は選ぶべきだということです。

中華鍋を使いこなせて、それに対応できる火力を出せるコンロがあれば、もちろん本格中華に挑戦してほしいと思います。ただ、それには、けっこう本格的な修業が必要になります。僕がおすすめしたいのは、やはり誰でも作れる、身近なフライパンで確実に作れる、という方法です。

多層鍋の仕組みは「フライパンの弱火」とほぼ同じ

また、鍋やフライパンも実にさまざまな選択肢があります。ル・クルーゼやストウブといった多層の鋳物ホウロウ鍋は、料理が好きな人には「あこがれ」の商品でもあるでしょう。特にル・クルーゼは美しい色で加工されている製品が多くキッチンや食卓に置くだけでも楽しい気持ちになるでしょう。ストウブは黒がメイン。いかにも職人好みの重厚な見た目、実際にプロのシェフでも使っている人が多いということから、これまたあこがれの鍋のひとつとなっています。

ほかにもバーミキュラ、シャスールなどの多層構造の鍋が発売されていますが、要するにこうした鍋は、何を期待したものかといえば、それぞれ多少の違いはあるものの、結局は「食材にゆっくりと火を通す」ためのものです。

こうした鍋が「悪い」などとは言いません。けれど、その良さを使いこなせる人はあまり多くないと思いますし、煮込み料理などを作ることが目的なら、ごく普通の鍋で、正しい火加減で作ればまったく問題はありません。もっとも基本的な方法は、「弱火」を使うことで、あらかじめ弱火でゆっくりと肉などに火を通してから煮込む、という方法が最適です。この方法は「煮込みの法則」の項でもくわしく紹介しています。

牛すじ煮込み、タンシチューや角煮などは、こうした鍋の「得意レシピ」の代表格ですが、こうした鍋に付属するレシピを見てみると、カレーや寄せ鍋、炊き込みごはん、焼き芋、焼き野菜マリネなども並んでいます。もちろん、できるでしょう。けれど、正直、寄せ鍋は土鍋のほうがおいしそうな気がしますし、炊き込みごはんは土鍋でも普通のお鍋でも作れます。

ぜひとも厚手の鍋がほしいなら、もっとお安い昔ながらの無水鍋のほうが使い勝手がいいのでは、と思ってしまいます。

圧力鍋も、たしかにしょっちゅう短時間で固い食材を使った煮込み料理を作りたい人には便利かも、とは思うのですが、それほどひんぱんではないのであれば特別に必要ではないのでは。

新しい調理器具、プロ仕様の調理器具というのは、やはり美しいものが多く、心惹かれるのはたしかです。

同じ料理なら出来栄えは大差なくても、こうしたものを使いたいなあ、と思う気持ちはよくわかります。

けれど、高い鍋を買っても、料理はうまくなりません。むしろ安い電卓と温度計を買って、目的に合わせて、理屈に合った加熱をすれば、高級な鍋とまったく同じ仕上がりになるということは、知っておいていただければと思います。

いつもキッチンとあたりまえの道具だけでも、いつものスーパーのお買い得な食材でも、あなたの料理は昨日よりおいしくなるはずです。

この本が皆さんのお役にたつことを願って、僕の料理講座を終わります。

読むだけで腕があがる 料理の新法則

著者 水島弘史

２０１８年２月25日　初版発行

１９６７年福岡県生まれ。大阪・あべの辻調理師専門学校卒業、同校フランス校卒業後ジョルジュ・ブランで研修。帰国後、東京・恵比寿「ラブレー」に勤務、94年より3年間シェフをつとめる。２０００年7月、恵比寿に「サントゥール」を開店し「エムズキッチンサントゥール」と改め２００９年まで営業。２０１０年からは麻布十番「水島弘史の調理・料理研究所」で料理教室を主宰し、科学的な調理理論を取り入れた独自の指導を行っている。大学、企業の研究所にもデータを提供、新メニュー開発、調理システムのアドバイスも行う。主著に『野菜いためは弱火でつくりなさい』『本当においしい肉料理はおウチでつくりなさい』（ともに青春出版社）、『水島シェフのロジカルクッキング』（亜紀書房）、『だまされたと思って試してほしい料理の新常識』（宝島社）ほか多数。

発行者　佐藤俊彦
発行所　株式会社ワニ・プラス
〒１５０－８４８２
東京都渋谷区恵比寿４－４－９　えびす大黑ビル７Ｆ
電話　０３－５４４９－２１７１（編集）
発売元　株式会社ワニブックス
〒１５０－８４８２
東京都渋谷区恵比寿４－４－９　えびす大黑ビル
電話　０３－５４４９－２７１１（代表）
装丁　橘田浩志（アティック）
柏原宗績
撮影　藤木裕之
本文デザイン・DTP　平林弘子
印刷・製本所　大日本印刷株式会社

ISBN 978-4-8470-6122-6
ワニブックスHP　https://www.wani.co.jp